Pesquisa qualitativa em
ciências humanas e sociais

Dados Internacionais de Catalogação na Publicação (CIP)
(Câmara Brasileira do Livro, SP, Brasil)

Chizzotti, Antonio
Pesquisa qualitativa em ciências humanas e sociais / Antonio Chizzotti. 6. ed. – Petrópolis, RJ: Vozes, 2014.

6ª reimpressão, 2025.

ISBN 978-85-326-3390-3

1. Ciências humanas – Pesquisa qualitativa 2. Ciências sociais – Pesquisa 3. Pesquisa – Metodologia I. Título.

06-6060 CDD -001.3072
-300.72

Índices para catálogo sistemático:

1. Ciências humanas: Pesquisa qualitativa 001.3072
2. Ciências sociais: Pesquisa 300.72
3. Pesquisa: Ciências humanas 001.3072
4. Pesquisa: Ciências sociais 300.72

Antonio Chizzotti

Pesquisa qualitativa em ciências humanas e sociais

EDITORA VOZES

Petrópolis

Rua Frei Luís, 100
25689-900 Petrópolis, RJ
www.vozes.com.br
Brasil

Editoração: Sheila Ferreira Neiva
Diagramação: Anthares Composição
Capa: José de Almeida Alves Neto e Diogo Müller

ISBN 978-85-326-3390-3

Este livro foi composto e impresso pela Editora Vozes Ltda.

Para Lenita,
com fraterno afeto.

Siglas

CA: Califórnia, EUA
ILL: Illinois
UK: United Kingdon
MA: Massachusetts

Sumário

Prefácio

O contato constante com alunos em fase de elaboração de tese ou de dissertação de mestrado sugeriu retomar os objetivos que deram origem ao livro sobre pesquisa em ciências humanas e sociais: reunir as informações mais correntes para aqueles que iniciam seu trabalho de pesquisa, a fim de que leituras sintéticas sobre alguns problemas de pesquisa possam auxiliar as decisões fundamentais que um pesquisador suporta ao iniciar a produção de sua tese.

O livro responde aos alunos com quem o autor trabalhou diretamente, durante esses anos, e que fizeram suas críticas, ofereceram sugestões e solicitaram maior detalhamento esclarecedor de algumas partes do texto. Foi um longo tempo de diálogo, sínteses e seleção de informações objetivas que pudessem provocar o interesse de quem se propõe ter uma formação nesse campo de atividade. Pretende, por isso, ser resposta a um conjunto de perguntas, que todos os pesquisadores sofrem ao produzir seu texto de pesquisa e auxiliá-los na elucidação de algumas orientações fundamentais.

Longe de ser um manual, procura ser um ambiente de diálogo e discussão sobre questões que agitam todos os investigadores: as dúvidas teóricas, as incertezas dos conceitos, a superação de certezas infundadas, a convulsão das convicções rígidas, as perguntas tímidas e, detrás desse arcabouço racional que a tese ou uma dissertação mobiliza, estão as tensões vividas, as solidões longas, o turbilhão de dúvidas suportadas e as perplexidades constantes que a pesquisa provoca.

Todo pesquisador sabe quantas emoções subjazem às questões teóricas, o tempo dedicado a cada parágrafo do texto, o esforço físico necessário para manter a decisão de prosseguir nas buscas das informações, o isolamento voluntário para desenvolver reflexões amadurecidas, a fim de levar a termo a obra começada.

O pesquisador aprende, como ensina Descartes, no seu *Discurso do método*, o peso da "resolução de me estudar também a mim mesmo e de aplicar todas as forças do meu espírito em escolher os caminhos que deveria seguir". Essa resolução pode exigir a passagem pela experiência da dúvida: um momento existencial de perda das certezas seguras que davam suporte a um mundo de sombras ao qual se refere Platão, na alegoria da caverna.

Escapar ao fundo da caverna e às impressões imediatas que impedem alcançar o conhecimento verdadeiro requer compromisso do pesquisador em abdicar das meras opiniões e fazer-se obrigado a buscar os fundamentos da verdade e o sentido da realidade. Os esforços constantes de análise e síntese que a reflexão, a observação e a intuição provocam, podem trazer um drama existencial, uma tomada de consciência dos limites, da fragilidade, da ignorância e da miséria do próprio saber e gerar, no investigador, uma perplexidade aflitiva, uma inibição da vontade, uma paralisia da procura. Encontrar-se, repentinamente, em um mundo desde sempre dado, desde sempre feito, sem que tenha levantado qualquer dúvida, nem interrogado sobre seu fazer, é sempre um momento incômodo da busca, porque remete em causa o próprio sentido da pesquisa e do pesquisador: não só põe em questão o objeto da pesquisa e seus condicionamentos ideológicos, sociais e políticos, ou seus métodos e instrumentos, mas, sobretudo, suas finalidades e a consciência científica e social do próprio pesquisador.

O texto quer ser um convite à admiração pela descoberta que impulsione a superar a experiência negativa da dúvida e estimule a surpreender-se com a procura, a encantar-se com a responsabilidade de desvendar os arcanos da natureza e da vida, e a decisão em transformar a dúvida em crítica e desta em um problema a ser enfrentado e resolvido.

Importa que o amadurecimento da reflexão favoreça a ação: uma fase negativa da crítica pode alimentar uma perspectiva pessimista porque levantar objeções ao mundo constituído – ou desvendar os enredos do poder e dos enganos – pode parecer uma recusa à participação ativa nos embates cotidianos. Essa fase emocional da crítica não pode avassalar as atividades do pesquisador; é preciso superá-la pela reflexão consistente que instrua a decisão de buscar novos caminhos, encontrar novas possibilidades e propor uma compreensão genuína do conhecimento e do agir.

Enfim, o livro pretende ser um incentivo à concretização da formação científica dos pesquisadores, um apoio nas decisões que darão forma às reflexões, um voto antecipado de sucesso aos futuros pesquisadores.

Algumas decisões deram forma ao texto, mas são necessárias algumas indicações esclarecedoras. Observaram-se as normas da ABNT, porém a indicação da data de publicação foi posposta ao nome do autor na referência bibliográfica para auxiliar a identificação da obra citada, e utilizado o & comercial para último nome de obras com vários autores, seguindo o padrão da *American Psychological Association* (APA *Style*), em uso internacional para a área de ciências humanas e sociais. Ao final de cada capítulo, além das obras de referência utilizadas no texto, foram adicionadas bibliografias selecionadas para auxiliar o leitor no aprofundamento de itens específicos de cada tema.

Alguns discordarão da reduplicação dos termos "humanas e sociais" do título do livro, argumentando que não há dissociação substantiva entre as ciências sociais e as ciências humanas, porque as chamadas ciências humanas são todas sociais e as ciências que se reconhecem como sociais não podem prescindir de homens e mulheres que são os atores fundamentais dos processos sociais.

A classificação das ciências, é sabido, nunca foi pacífica. No período medieval, a classificação platônica fundamentou a divisão das ciências a serem ensinadas: ao lado da teologia, direito e medicina, o *trivium*, compreendia a dialética, gramática e retórica e o *quadrivium*, a música, aritmética, geometria e astronomia. Bacon pretendeu uma distinção entre as ciências da memória, como a história e as ciências da razão, como a filosofia, que compreendia o que, hoje, classifica-se como física e química e, finalmente, as ciências da imaginação, como a poesia.

Desde que Comte tentou construir uma classificação, pretensiosamente definitiva, muitas iniciativas foram tomadas para estabelecer os critérios de uma classificação convincente. É notório, também, quanto à classificação das disciplinas nas universidades varia muito para abarcar campos novos do ensino, e as próprias agências de financiamento à pesquisa se veem às voltas com um problema que as obriga a uma reconstrução permanente dos campos e das áreas do conhecimento. A distinção feita pelo CNPq, entre as ciências humanas e as sociais aplicadas, com as respectivas subáreas de pesquisa, exemplifica a atualidade do tema.

A classificação atual das ciências não é só um eco da proclamação de Prigogine sobre o fim das certezas e a ciência, hoje, já não é mais a ciência clássica, mas renova o esforço para compor uma síntese das possibilidade de explorar a realidade humana e a vida social, eminentemente complexas e em permanente evolução.

A insistência dos dois termos presume que a vida recria continuamente a realidade e cada vez menos é possível mantê-la congelada em conceitos fixos ou em redomas teóricas. As ideias, teorias e concepções procuram traduzir as crenças, as representações possíveis de mundo; estas nascem da reflexão, do diálogo com as formas de vida, dos debates em torno das possibilidades de ser: são frutos de autores que tentaram compreender sua época, as condições concretas da história e os caminhos viáveis de uma vida decorosa. A reduplicação dos termos pretende reafirmar, sem qualquer equívoco epistemológico, a relevância das ciências humanas no confronto latente, que em muitos foros ressurge sobre a natureza das ciências denominadas humanas, enquanto estas escapam aos padrões de relações meramente constantes, exprimíveis em modelos formais. O sentido dos atos, os significados dos discursos, os costumes e crenças revelam o que são os homens e as mulheres. Perscrutar criteriosamente todas essas manifestações e descobrir o que significam, e como os homens e mulheres constroem o sentido de suas vidas é uma ciência da mais alta relevância.

Um outro aspecto ineludível, que importa relevar, é a existência necessariamente social da vida humana. Em tempos de um individualismo competitivo, parece importante reafirmar os laços solidários que tecem qualquer existência e, ainda quando a pesquisa adote uma estratégia de investigação particularizada, não pode ignorar que os fragmentos investigados são parcelas partilhadas por muitas vidas em contextos históricos definidos. A reafirmação desta perspectiva visa reforçar o entendimento da mútua complementaridade dos dois termos.

Um livro construído no diálogo com um público docente e discente, comprometido com a formação científica, é tributário de muitos participantes. Impossível nomeá-los todos, mas algumas menções são imprescindíveis: agradeço a colaboração de professores e alunos que foram leitores críticos do texto, especialmente aos alunos de doutorado em Educação-Currículo da PUC-SP que foram interlocutores constantes do texto, de modo particular Nuria Pons Vilardell Camas que cuidou de muitos aspectos do texto; muitos outros professores deram sugestões oportunas na construção do livro. Sou grato especialmente aos professores do Programa de Educação/Currículo da PUC-SP, pelas contribuições críticas que sugeriram ao texto final. Não posso deixar de agradecer a meus irmãos, Drs. José e Mário Chizzotti, pelo estímulo permanente à concretização desse texto.

São Paulo, dezembro de 2005.
Antonio Chizzotti

Parte I
A pesquisa

I - A pesquisa em ciências humanas e sociais

Introdução

A ciência e as pesquisas cresceram e se desenvolveram a partir de um processo de busca metódica das explicações causais dos fatos ou da compreensão exaustiva da realidade, utilizando-se de informações colhidas por meio de observações atentas ou outros recursos adequados de se coligir os dados singulares que fundamentassem afirmações mais amplas. Este processo, designado de pesquisa, genericamente pode-se definir como um esforço durável de observações, reflexões, análises e sínteses para descobrir as forças e as possibilidades da natureza e da vida, e transformá-las em proveito da humanidade. Este esforço não é fruto de uma inteligência isolada em um tempo abstrato, mas é um produto histórico e social porque resulta de um esforço coletivo e permanente da humanidade, no curso do tempo, para construir todas as dimensões da vida.

A pesquisa, deste modo, reconhece o saber acumulado na história humana e se investe do interesse em aprofundar as análises e fazer novas descobertas em favor da vida humana. Essa atividade pressupõe que o pesquisador tenha presente as concepções que orientam sua ação, as práticas que elege para a investigação, os procedimentos e técnicas que adota em seu trabalho e os instrumentos de que dispõe para auxiliar o seu esforço. É, em suma, uma busca sistemática e rigorosa de informações, com a finalidade de descobrir a lógica e a coerência de um conjunto, aparentemente, disperso e desconexo de dados para encontrar uma resposta fundamentada a um problema bem delimitado, contribuindo para o desenvolvimento do conhecimento em uma área ou em problemática específica.

Sua história pode ser esboçada a partir de alguns marcos epocais que assinalaram transformações socioculturais. Toma-se como um grande marco o surgimento da filosofia como um modo multissecular de reflexão racional e de análise que se desenvolveu de diferentes formas na história humana. A filosofia suplantava o pensamento mítico, baseado em acontecimentos fundadores e heróis emblemáticos que davam sentido à existência e à realidade humanas.

A ciência, como uma concepção teórica e uma prática sistemática de investigação, que se diferencia da filosofia, surge com a revolução burguesa e desenvolve-se na Europa a partir do século XVI e, mais particularmente, com o desenvolvimento da pesquisa nos séculos seguintes, tornando-se exemplar para o mundo todo, quando, então, formou-se um amplo movimento filosófico, na Europa.

Este movimento passou a invocar a supremacia da razão sobre qualquer tipo de autoridade intelectual ou política na investigação e a declarar a liberdade tanto de investigar quanto de apresentar os resultados de suas descobertas, movimento conhecido como "Iluminismo". Kant, em 1874, em uma definição do que são os iluministas, afirma que são aqueles que ousam saber, apoiados somente na própria razão e liberdade individual (KANT, 1874).

A pesquisa científica caracteriza-se pelo esforço sistemático de – usando critérios claros, explícitos e estruturados, com teoria, método e linguagem adequada – explicar ou compreender os dados encontrados e, eventualmente, orientar a natureza ou as atividades humanas. A pesquisa pressupõe teorias ou visões de mundo que, em diferentes domínios do conhecimento, moldam a atividade investigativa e auxiliam a pesquisa. Essas teorias de trabalho têm sido definidas como paradigma, tradição, modelo, programa ou postura do pesquisador.

1.1 Paradigmas, tradições, modelos, programas ou posturas

As teorias científicas, em seu desenvolvimento, são descritas, por alguns autores, a partir de algumas características estruturais que as compuseram no curso da história da ciência, sob diferentes termos correlatos, para diferenciar concepções diversas de se realizar a pesquisa científica: paradigmas, tradições, programas, posturas ou modelos de pesquisa. Estes termos traduzem diferentes concepções de autores que analisam o desenvolvimento das ciências (CHALMERS, 1988).

Um conceito muito difundido para diferenciar as concepções e práticas, que se forjaram no decurso da história, parte da noção dos *paradig-*

mas (KUHN, 1963) que se formaram a partir de ideias, concepções e modelos de investigação que, adotados por pesquisadores renomados e seus discípulos, tornaram-se exemplares para a atividade científica.

Os paradigmas caracterizam as conquistas científicas universalmente reconhecidas que, por certo período, fornecem um modelo de problemas e soluções aceitáveis pelos que praticam certo campo de pesquisa, na definição do autor, "um conjunto de ilustrações recorrentes e quase padronizadas de diferentes teorias nas suas aplicações conceituais, instrumentais e na observação [...] são os paradigmas da comunidade, revelados nos seus manuais, conferências e exercícios de laboratório" (p. 67).

Um paradigma supõe alguns exemplos reconhecidos de trabalho científico real, exemplos que englobam uma lei, uma teoria, uma aplicação e um dispositivo experimental e fornecem modelos que dão nascimento a tradições particulares e coerente de pesquisa científica e, portanto, constitui-se quando o campo de conhecimento que recobre está bem definido, os problemas pendentes de pesquisa estão estipulados e o grupo duradouro de praticantes da pesquisa está convicto da oportunidade do modelo em relação a outras teorias explicativas competidoras.

As realizações científicas passadas constituem, segundo o autor, a *ciência normal* – a pesquisa baseada nos quadros conceituais aceitos e amparados nos resultados alcançados pela ciência, no passado, aos quais a *comunidade científica* reconhece, por um determinado período, como fundamento de uma produção científica. Os pesquisadores, de modo geral, confiam em algumas proposições científicas consideradas evidentes e procuram não refutar as teorias existentes, mas trazer alguma coisa nova e original a elas para se afirmar no campo do saber e do poder.

O acúmulo progressivo dos conhecimentos científicos, novas articulações teóricas e empíricas expõem a ciência, tida como normal, à *crise do paradigma*, submetendo as certezas e normas aceitas à discussão de suas *anomalias*, e gerando uma perda de confiança nas teorias acreditadas, podendo gerar, uma *revolução* científica quando, então, guiados por um novo paradigma, os cientistas adotam novos instrumentos e orientam seu olhar em novas direções (cf. KUHN, 1963: 145). A ciência evolui, assim, de um paradigma reconhecido que é caracterizado como ciência normal até quando este entra em crise, revoluciona os modelos de solução e produz um novo paradigma de ciência.

As divergências interpretativas suscitadas pelo conceito "paradigma" são muitas, reconhecidas pelo próprio autor (KUHN, 1977), mas isto não impede de admitir que um paradigma pressupõe um conjunto de pressuposições que se refere ao que é a realidade, ao conhecimento que se pode ter dessa realidade e às formas particulares para se conhecer essa realidade (cf. CRABTREE & MILLER, 1992: 8). É nesse sentido que o termo popularizou-se e tem sido amplamente utilizado na linguagem científica.

Larry Laundan (1977), trabalhando sobre o conceito da Kuhn, prefere definir essas diferentes concepções como *tradições* de pesquisa, entendendo-as como um conjunto de pressupostos gerais sobre entidades, processos presentes em um domínio de estudo e os métodos apropriados que são usados para investigar os problemas ou construir teorias em um determinado domínio.

Esse autor reinterpreta o conceito de matriz disciplinar de Kuhn entendendo-a como uma constelação de diretrizes, crenças, valores, técnicas etc. partilhadas por uma dada comunidade. O conceito é aplicado ao campo da pesquisa como *tradições de pesquisa* por Jacob (1987a; 1987b; CRESWELL, 1998), que procura mapear diversas tradições em subcampos distintos de práticas de pesquisa, justificando cada tradição, cada qual apoiada na sua matriz de pressupostos normativos, classificando-as em psicologia ecológica, etnografia holística, antropologia cognitiva, etnografia e comunicação, interacionismo simbólico. O autor é acompanhado por outros pesquisadores que apresentam diferentes classificações para as tradições de pesquisa[1].

É utilizado, também, o termo *modelo* de pesquisa, emprestado às ciências matemáticas para dar uma representação formal às ideias e estratégias para se estudar os fenômenos, as hipóteses fundamentais de explicação e as leis que os regem. O modelo é um conjunto esquemático e arquitetado para dar um esquema racionalmente articulado de explicar a realidade. É, às vezes, usado como sinônimo de teoria ou idealização

---

[1] Strauss e Corbin (1990) distinguem as seguintes tradições de pesquisa: teoria fundamentada, etnografia, fenomenologia, histórias de vida, análise conversacional. Moustakas (1994), por sua vez, diferencia: etnografia, teoria fundamentada, hermenêutica, pesquisa fenomenológica empírica, pesquisa heurística, fenomenologia transcendental. Denzin e Lincoln (2000) consideram, em pesquisa, as seguintes tradições: estudos de caso, etnografia, teoria fundamentada, biografia, histórica, pesquisa clínica, fenomenologia, etnometodologia e práticas interpretativas e Creswell (1998) propõe: biografia, estudo fenomenológico, estudo da teoria fundamentada, etnografia, estudo de caso. Patton (1990), etnografia, fenomenologia, investigação heurística, etnometodologia, interacionismo simbólico, psicologia ecológica.

abstrata da realidade e, assim, é tomado como a representação funcional da mesma, auxiliando a representar, de modo simples, uma realidade ampla e complexa (OUELLET, 1994: 258).

Em pesquisa, um modelo significa sobretudo a "representação formal de conhecimentos e ideias sobre um fenômeno que contém as hipóteses fundamentais do fenômeno e as leis que o regem; é um esquema simplificado e simbólico destinado a fornecer um quadro racionalmente rigoroso para explicar uma realidade" (GRAWITZ, 1986: 507).

Imre Lakatos (1970), visando sintetizar a noção de paradigma e combiná-lo com a lógica racionalista-crítica de Popper sobre a falseabilidade das teorias, admite que a ciência se faz e evolui porque há *programas de pesquisa* rivais, competindo com mais de uma teoria para explicar o fatual. A ciência dispõe de teorias concorrentes e será descartada aquela que não só porque contradiz os fatos, mas quando a comunidade científica tiver uma teoria melhor que a anterior.

Os *programas de pesquisa* combinam um conjunto de concepções de mundo, de pressupostos teóricos e modelos complementares, desenvolvendo-se de forma durável a partir de um núcleo central e de um conjunto de regras metodológicas que indicam os caminhos a seguir (heurística positiva), ou as interdições a evitar (heurística negativa); enquanto os programas mantêm-se infalseáveis, mostram sua fecundidade, seu valor e sua progressividade.

A ciência é, para ele, um campo de confrontos entre programas de pesquisa em um oceano de anomalias, diferentes interpretações e análises, ao invés de meras teorias isoladas e acabadas; desse embate firmam-se os programas mais duradouros, com teorias melhor fundamentadas e mais fecundas.

Harry Wolcott (1992) prefere diferenciar as diversas *posturas* em pesquisa, ou seja, a adoção de uma posição estratégica frente a muitas alternativas para desenvolver um programa de ação, ou uma atitude para si ou para um grupo; para isso adota-se uma posição oficial na condução de uma pesquisa.

Paul Feyerabend (1995) parte da consideração de que admitir um método que contenha princípios estáticos, imutáveis e absolutamente obrigatórios como guia para a atividade científica encontra muitas dificuldades quando é confrontado com a pesquisa histórica.

A ideia que a ciência "pode, e deve, ser organizada segundo regras fixas e universais é às vezes utópica e perniciosa" (p. 332); utópica, porque implica uma concepção muito simples das atitudes humanas e das circunstâncias que produzem o desenvolvimento; perniciosa porque, impor tais regras não deixa de aumentar as qualificações profissionais, mas à custa de nossa humanidade.

A ciência não é o único paradigma de racionalidade; ela progrediu quando os cientistas abandonaram a obrigação de seguir certas normas, tidas como óbvias, ou as violaram involuntariamente, e convém admitir, todas as ideias e hipóteses, mesmo extravagantes, inspiradas ou na física ou nos mitos, desde que adaptadas às circunstâncias, devem ser tentadas. É ilusória a pretensão de validade, objetividade e verdade das teorias científicas. A crítica radical de Feyerabend pretende liquidar com ilusória presunção dos epistemólogos em acreditar que algumas normas simplificadas possam captar o universo de significados da realidade, razão pela qual prefere afirmar o *anarquismo* metodológico como um "excelente remédio para a epistemologia e para a filosofia da ciência".

Os termos paradigmas, tradições, modelos, programas e posturas ocorrentes na especificação dos tipos de pesquisa, ou ainda, estratégias (DENZIN & LINCOLN, 2000) ou variações (TESCH, 1990) expressam diferentes vias de se realizá-la. Não se pode acreditar que a ciência seja um padrão uno e único, fixo e imutável para todos os cientistas. Alguns pesquisadores neopositivistas, influenciados pela concepção positivista, pretenderam estabelecer uma *ciência da ciência,* um padrão estável de comunicação, regido por uma linguagem precisa que superasse as discordâncias entre cientistas e fixasse um estilo único e uno de se conceber e expressar os conceitos científicos.

Os autores acima, especialmente Kuhn, ao distinguir diferentes vias de investigação, procuraram desfazer esta pretensão, demonstrando que a ciência tem diferentes meios de procurar, justificar e comunicar uma descoberta. Na verdade, todo pesquisador adota ou inventa um caminho de explicitação da realidade que investiga ou da descoberta que realiza, guiado por um modo de conhecer essa realidade e de explorá-la, porque tem ou urde uma concepção do que é a realidade que investiga. Deste modo, uma pesquisa pressupõe, implícita ou explicitamente, uma metodologia, os pressupostos epistemológicos e a concepção da realidade que a pesquisa assume, mesmo quando o autor a declare ou não, tenha clarividência dela ou não.

1.2 Ontologia, epistemologia e metodologia

A pesquisa, qualquer que seja a orientação filosófica adotada, explícita ou implicitamente, tem presente a pergunta inicial: o que *são* as coisas ou *os* objetos sobre os quais se detém uma investigação (ou, em uma palavra genérica de indagação filosófica, o que é o mundo). Esta questão sobre o que as coisas são ou *o ser* das coisas constitui um campo da filosofia: a ontologia (do grego, *ontos,* ser e *logia,* tratado), ou seja, a concepção da realidade que o pesquisador assume e da qual partilha ou, simplesmente, a concepção de mundo do investigador.

Há discordâncias em torno da questão fundamental que deve presidir o início da investigação: os empírico-analíticos, na classificação de Habermas, recorrem à razão instrumental e se interessam pelo *como* as coisas são feitas; alguns construtivistas consideram que a realidade é construída na interação com o ambiente, ou com as pessoas e o que as coisas são depende da qualidade dessas interações. Ainda que haja discrepâncias entre autores sobre as bases que sustentam uma concepção e, por isso, não partem de uma questão ontológica, ao menos como foi posta por alguns filósofos; mas toda pesquisa explicita uma concepção e o pesquisador assume, manifesta ou latente, ingênua ou justificadamente, uma concepção da realidade.

Para quem inicia uma pesquisa, a questão se traduz na pergunta "qual é o problema a ser estudado?" Delimitar o problema pode ser o momento mais aflitivo da pesquisa porque sua definição está conexa com a concepção que gera o problema; o problema é expressão sintética de uma concepção. Clara ou indefinidamente, todo pesquisador tem uma concepção de mundo, genérica ou sistematizada em teorias, que informa toda sua atividade. Por isso, qualquer observação já implica uma teoria ou, como dizia Darwin, é pró ou contra uma teoria.

Habermas (1968) procurou mostrar que toda forma de conhecimento procede de um interesse fundamental: conhecimento científico ligado ao interesse técnico – transformar a natureza pelo trabalho; conhecimento hermenêutico interessado na comunicação – elucidação do sentido da linguagem e conhecimento crítico, interessado na emancipação das formas de opressão.

Esta questão, sempre nova e emergente, que agitou toda a história do pensamento, remete ao problema: como as coisas podem ser conhecidas? Qual é a melhor forma de conhecê-las, qual visão de mundo ou teoria explica melhor a realidade e, principalmente, quais critérios podem validar esse conhecimento? O pesquisador busca a teoria do conhecimento, mais cabal, que seja apta para explicitar a relação entre aquele que conhece e as coisas que são conhecidas. Isto significa que a pesquisa segue uma teoria articulada que contém princípios, fundamentos lógicos e epistemológicos que sustentam a análise da realidade e que têm alcance e valor esclarecedor universal, em uma palavra, a *epistemologia* da pesquisa.

O pesquisador pode partir de uma teoria que dê os pressupostos e determine os meios. As pesquisas experimentais, por exemplo, seguem um padrão de pesquisa, com passos específicos de comprovação do conhecimento; isso porque têm, implicitamente, uma concepção da realidade e do conhecimento humano. A apresentação da pesquisa experimental deve, por isso, seguir um padrão uniforme e determinado que consta de observação, formulação da hipótese, verificação, predição e explicação científica. Para esses pesquisadores, epistemologia significa a precisão no uso das normas de apresentação e comprovação de suas descobertas científicas (OUELLET, 1994).

As pesquisas qualitativas, por outro lado, não têm um padrão único porque admitem que a realidade é fluente e contraditória e os processos de investigação dependem também do pesquisador – sua concepção, seus valores, seus objetivos. Para este, a epistemologia significa os fundamentos do conhecimento que dão sustentação à investigação de um problema.

Conexa com as duas questões acima aparece a questão dos caminhos a seguir para esclarecer o problema e sistematizar uma afirmação fidedigna sobre o problema em estudo. Este caminho determinará as estratégias, técnicas e métodos de alcançar a comprovação, coerentes com a concepção assumida e, também, a eleição de técnicas que permitirão melhor reunir as informações indispensáveis.

Em suma, a pesquisa segue uma *metodologia* de trabalho, ou seja, a lógica subjacente ao encadeamento de diligências que o pesquisador segue para descobrir ou comprovar uma verdade, coerente com sua concepção da realidade e sua teoria do conhecimento. Adota, para isso, um procedimento – um conjunto estruturado de regras operatórias necessárias para atualizar a metodologia assumida que responda, na pesquisa qualitativa, às exigências de credibilidade, consistência, fiabilidade. Recorre, para realizar isso, a algumas técnicas ou instrumentos de coleta de dados que estarão conexos e subordinados aos procedimentos adotados na pesquisa.

A pesquisa atual em ciências humanas e sociais segue duas orientações básicas a partir dos fundamentos e práticas de pesquisa, com pressupostos teóricos, modos de abordar a realidade e meios de colher informações diferentes, genericamente designadas de pesquisas quantitativas ou qualitativas.

Se a pesquisa reconhece a relevância dos objetos materiais e privilegia a necessidade de encontrar a frequência e constância das ocorrências, será necessário recorrer aos recursos quantitativos (mensuráveis) para comprovar a frequência das incidências a partir das quais será possível estabelecer as leis e aventar uma teoria explicativa.

Um pesquisador, tendo como pressuposto que a natureza é uniforme e logicamente organizada, pode estabelecer o postulado do determinismo funcional: reproduzir um evento, reconstruindo as mesmas circunstâncias em que ocorreu e, a partir da constância e frequência que o evento mostrar, fazer predições do que ocorrerá. Esta via de pesquisa tem sido, genericamente, definida como pesquisa *quantitativa*, porque necessita de meios quantificáveis para estabelecer o determinismo funcional.

As ciências naturais privilegiam esse tipo de pesquisa porque os objetos naturais são determinados, estáveis, manipuláveis e, por isso, é possível analisar a constância em que ocorrem e submetê-los a condições laboratoriais de controle e verificação. A pesquisa quantitativa é designada também como pesquisa experimental enquanto esta supõe que a teoria deve ser testada com critérios rígidos a partir de dados empíricos e, para análise destes dados, é imprescindível a quantificação a fim de se estabelecer a frequência das ocorrências e nada melhor que a estatística para auxiliar nesse intento.

Se, de outro lado, o pesquisador supõe que o mundo deriva da compreensão que as pessoas constroem no contato com a realidade nas diferentes interações humanas e sociais, será necessário encontrar fundamentos para uma análise e para a *interpretação* do fato que revele o significado atribuído a esses fatos pelas pessoas que partilham dele. Tais pesquisas serão designadas como *qualitativas,* termo genérico para designar pesquisas que, usando, ou não, quantificações, pretendem interpretar o sentido do evento a partir do significado que as pessoas atribuem ao que falam e fazem.

As ciências que pressupõem a ação humana devem levar em conta a liberdade e a vontade humanas e estas sempre interferem no curso dos fatos e dão significados muito diversos à ação; por isso, tendem a recorrer a esse tipo de pesquisa para encontrar informações seguras que suportem a interpretação.

No primeiro caso, os instrumentos de medida são fundamentais e o paradigma das ciências naturais apresenta a matemática e a lógica indutiva como fundamentos sólidos de conhecimentos certos; no segundo, os instrumentos necessários para se atingir o conhecimento devem estar nos meios de se coletar informações vividas pelos atores humanos dos fatos e qualquer paradigma deve recorrer à intuição humana e à inferência interpretativa.

É necessário reconhecer, entretanto, que a distinção qualitativa-quantitativa é extremamente ambígua para caracterizar o sistema de convicções que orienta essa especificação das pesquisas.

1.3 A pesquisa qualitativa: tendências

A pesquisa qualitativa recobre, hoje, um campo transdisciplinar, envolvendo as ciências humanas e sociais, assumindo tradições ou multiparadigmas de análise, derivadas do positivismo, da fenomenologia, da hermenêutica, do marxismo, da teoria crítica e do construtivismo, e adotando multimétodos de investigação para o estudo de um fenômeno situado no local em que ocorre, e, enfim, procurando tanto encontrar o sentido desse fenômeno quanto interpretar os significados que as pessoas dão a eles.

O termo qualitativo implica uma partilha densa com pessoas, fatos e locais que constituem objetos de pesquisa, para extrair desse convívio os significados visíveis e latentes que somente são perceptíveis a uma atenção sensível. Após este tirocínio, o autor interpreta e traduz em um texto, zelosamente escrito, com perspicácia e competência científicas, os significados patentes ou ocultos do seu objeto de pesquisa.

Diferentes tradições de pesquisa invocam o título qualitativo, partilhando o pressuposto básico de que a investigação dos fenômenos humanos, sempre saturados de razão, liberdade e vontade, estão possuídos de características específicas: criam e atribuem significados às coisas e às pessoas nas interações sociais e estas podem ser descritas e analisadas, prescindindo de quantificações estatísticas. Muitos são os autores que se autodenominam qualitativos, diferenciando-se por pressupostos teóricos ou metodológicos, técnicas de investigação ou objetivos da pesquisa. Opõem-se, de modo geral, à *quantitativa* enquanto esta recorre à quantificação como única via de assegurar a validade de uma generalização, pressupondo um modelo único de investigação, derivado das ciências naturais, que parta de uma hipótese-guia, só admita observações externas, siga um caminho indutivo para estabelecer leis, mediante verificações objetivas, amparadas em frequências estatísticas.

Obras panorâmicas da pesquisa qualitativa mostram a amplidão e diversidade de tendências que se abrigam sob o epíteto "qualitativo" (DENZIN & LINCOLN, 2000; 2005). Diferentes orientações filosóficas e tendências epistemológicas inscrevem-se como direções de pesquisa, sob o abrigo qualitativo, advogando os mais variados métodos de pesquisa, como entrevista, observação participante, história de vida, testemunho, análise do discurso, estudo de caso e qualificam a pesquisa como pesquisa clínica, pesquisa participativa, etnografia, pesquisa participante, pesquisa-ação, teoria fundamentada (*grounded theory*), estudos culturais etc.

As pesquisas tomam, por sua vez, formas textuais originais, recorrendo a todos os recursos linguísticos, sejam estilísticos, semióticos ou diferentes gêneros literários, como conto, narrativas, relatos, memórias; recursos estilísticos diferenciados permitem apresentar de forma inovadora os resultados de investigações, criando um excitante universo de possibilidades.

Além desta ampliação de meios e estilos, convém reconhecer que aportam cada vez mais à pesquisa qualitativa muitos pesquisadores, que mesmo formados e familiarizados com a pesquisa convencional interessam-se crescentemente pelas questões da pesquisa qualitativa para atender às demandas de novos pesquisadores ou jovens orientados em cursos de pós-graduação que interrogam sobre os fundamentos e possibilidades da pesquisa qualitativa, ou querem assumir uma via qualitativa nas pesquisas que realizam. É notável o número de cursos, textos, artigos, pesquisas que se fundamentam nos pressupostos qualitativos. Territórios amplamente explorados pela pesquisa convencional, como pesquisas de opinião, de atitudes, de tendências eleitorais socorrem-se mais e mais da pesquisa qualitativa.

A pesquisa qualitativa abriga, deste modo, uma modulação semântica e atrai uma combinação de tendências que se aglutinaram, genericamente, sob este termo: podem ser designadas pelas teorias que as fundamentam: fenomenológica, construtivista, crítica, etnometodológica, interpretacionista, feminista, pós-modernista. Pode, também, ser designada pelo tipo de pesquisa: pesquisa etnográfica, participativa, pesquisa-ação, história de vida etc. É, ainda, denominada *naturalística*, enquanto o pesquisador partilha *in loco* do ambiente natural (LINCOLN & GUBA, 1985) onde as pessoas vivem e dão sentido aos seus atos, embora o termo naturalismo para os fenomenólogos, seguindo a crítica de Husserl (1980; 1985), deem ao termo uma conotação muito diversa: o naturalismo, segundo ele e seus seguidores, é uma teoria que reconhece a natureza como a única realidade e, portanto, só admite a existência de objetos físicos ou naturais e qualquer conhecimento deve seguir os métodos de investigação das ciências naturais; para eles, a pesquisa naturalística identifica-se com o positivismo.

Outros preferem denominar *pesquisa de campo* para designar o local físico e social onde os dados foram coletados em diferenciação aos locais que exercitam o controle, como laboratórios; genericamente chamada, também, por alguns, pesquisa de *cunho etnográfico, fenomenológico, construtivista etc.*, para indicar a adoção dos fundamentos e procedimentos da pesquisa sem, contudo, adotar todas as particularidades de um estudo de uma disciplina científica.

Impropriamente e, às vezes, inadequadamente, é designada pesquisa leve (*soft*), realizada no convívio com pessoas e fatos, oposta às ciências que se autodenominam árduas (*hard*), realizadas na impessoalidade dos dados, nas clausuras laboratoriais com ferramentais adequados ou em laboriosas exegeses estatísticas. Mas é preciso reconhecer que a "[...] distinção é injusta. Os métodos básicos que se fazem necessários para qualquer pesquisa científica são os mesmos e invariavelmente exigem um processo alternado de experimentos e ideias" (WEATHERALL, 1970: 3).

Há muitas tentativas de classificação dos tipos de pesquisa, tendo como referência os pressupostos, os métodos, a técnica dominante ou os objetivos (TESCH, 1990; DE KETELE; ROEGIERS, 1991; LEFRANÇOIS, 1992; LENOIR, 1994; VAN DER MAREN, 1995; DENZIN & LINCOLN, 2005), mas há, também, uma extensiva história de tipologias, tentando abarcar todas as formas de descrição das pesquisas.

Referências

CRABTREE, B.F. & MILLER, W.L. (orgs.) (1992). *Doing qualitative research*. Londres: Sage.

CHALMERS, A. (1988). *Qu'est-ce que la science? – Récents développements en philosophie des sciences*: Popper, Kuhn, Lakatos, Feyerabend. Paris: La Découverte.

CRESWELL, J.W. (1998). *Qualitative inquiry and research design* – choosing among five traditions. Thousand Oaks, CA: Sage.

DE KETELE, J.-M. & ROEGIERS, X. (1991). *Méthologie du recueil d'informations* – Fondements des methodes d'observation, de questionnaires, d'interview et d'études de documents (édition expérimentale). Bruxelas: De Boek Université.

DENZIN, N.K. & LINCOLN, Y.S. (orgs.) (2005). *Handbook of qualitative research*. 3. ed. Thousand Oaks, CA: Sage.

______ (2000). *Handbook of qualitative research*. 2. ed. Thousand Oaks, CA: Sage.

FEYERABEND, P.K. (1985). *Contra o método*. 2. ed. Rio de Janeiro: Francisco Alves.

GRAWITZ, M. (1986). *Méthodes des sciences sociales*. 7. ed. Paris: Dalloz.

HABERMAS, J. (1968). *Conhecimento e interesse*. Rio de Janeiro: Zahar, 1982 [Introdução e tradução de José N. Heck].

HUSSERL, E. (1985). *Investigaciones lógicas*. Madri: Alianza.

______ (1980). *Filosofia como ciência rigorosa*. Coimbra: Atlântida [Tradução de Albin Beau].

JACOB, E. (1987a). "Qualitative research traditions: A review". *Review of Educational Research*, 57, p. 1-50.

______ (1987b). "Qualitative research: A defense of traditions". *Review of Educational Research*, 59, p. 229-235.

KANT, I. (1965). Risposta alla domanda: che cos'è l'illuminismo? In: KANT, I. *Scritti Politici e de filosofia della historia e del diritto de Immanuel Kant*. 2. ed. Turim: Unione (Data original da publicação: 1784) [Tradução de Gioela Solari e Giovani Vidani].

KUHN, T.S. (1977). *The essential tension*. Chicago: Chicago University Press.

______ (1962). *A estrutura das revoluções científicas*. 5. ed. São Paulo: Perspectiva.

LAKATOS, I. (1970). Methodology of scientific research programmes. In: LAKATOS, I. & MUSGRAVE, E. (org.). *Criticism and the growth of knowledge*. Cambridge: Cambridge University Press.

LAUDAN, L. (1977). *Progress and its problems*: Toward a theory of scientific growth. Berkeley: University of California Press.

LeCOMPTE, M.D.; MILLROY, W.L. & PREISSLE, J. (orgs.) (1992). *The handbook of qualitative research in education*. San Diego: Academic Press.

LEFRANÇOIS, R. (1992). *Stratégies de recherche en sciences sociales* – Applications à la gérontologie. Montreal: Presses de l'Université de Montreal.

LENOIR, Y. (1994). *Quelques réflexions sur la classification des recherches scientifiques*. Sherbrooke: Université de Sherbrooke/Faculté d'Éducation.

MOUSTAKAS, C. (1994). *Phenomenological research methods*. Thousands Oaks, CA: Sage.

OUELLET, A. (1994). *Processus de recherche* – Une introduction à la méthodologie de la recherche. 2. ed. Sainte-Foy: Presses de l'Université du Québec.

PATTON, M.Q. (1990). *Qualitative evaluation and research method*. 2. ed. Newbury Park, CA: Sage.

STRAUSS, A. & CORBIN, J. (1990). *Basics of qualitative research* – Grounded theory: procedures and techniques. Newbury Park, CA: Sage.

TESCH, R. (1990). *Qualitative research*: Analysis types and softwares tools. Bristol, PA: Falmer Press.

VAN DER MAREN, J.-M. (1995). *Méthodes de recherche pour l'éducation*. Montreal/Bruxelas: Presses de l'Université de Montreal/De Boeck Université.

WEATHERALL, M. (1970). *O método científico*. São Paulo: USP/Polígono [Tradução de Leônidas Hegenberg].

WOLCOTT, H.F. (1992). Posturing in qualitative inquiry. In: LeCOMPTE, M.D.; MILLROY, W.L. & PREISSLE, J. (orgs.). *The handbook of qualitative research in education*. San Diego: Academic Press, p. 3-52.

2 – A pesquisa qualitativa e seus fundamentos filosóficos

2.1 O desenvolvimento científico e a pesquisa

O desenvolvimento científico nos séculos XVII e XVIII pode ser, simbolicamente, delimitado pela Revolução Inglesa, em 1688, e a Revolução Francesa, em 1789, demarcando as grandes transformações econômicas, sociopolíticas e culturais da Europa, e, por extensão, o mundo moderno.

A Inglaterra modificara, no século XVII, sua estrutura social e econômica, consolidando uma burguesia dinâmica, aliada à nobreza, que, associadas, e sob um regime parlamentar, dinamizaram a acumulação capitalista, expandiram seu poder econômico e político, culminando, a partir da segunda metade do século XVIII, com a Revolução Industrial e a consolidação do capitalismo. A França tornara-se um Estado unitário e centralizado, sob o monarquismo absolutista de Luís XIV, desenvolvera uma próspera burguesia urbana, o comércio e uma acumulação capitalista mercantil dinâmica.

A hegemonia política e cultural francesa, no final do século XVII, manifestava-se em todos os campos da vida cultural, nos quais fulguravam literatos, artistas, políticos, cientistas cujas produções, com a difusão da impressão gráfica, empolgaram as populações urbanas locais e tornaram-se exemplares para os setores cultos da Europa e do mundo.

As desigualdades econômicas, sociais e as reivindicações da burguesia, a partir da segunda metade do século XVIII, auxiliadas pelas crises financeiras e pelas tentativas de solução parlamentar, eclodiram em um processo revolucionário de 1789-1993, marcando profunda mudança política, econômica e cultural, na França, suscitando ideias e movimentos sociais em todo o mundo.

Nestes séculos, o desenvolvimento dos meios de produção transformou a economia baseada na produção doméstica e manufatureira, abrindo caminho para a produção fabril e industrial. O comércio mobilizou a troca e a acumulação de capitais, expandiu a circulação de bens e pessoas, inventou novos processos de transações, criando as vias para a Revolução Industrial e a economia global capitalista.

As novas necessidades introduziram processos de intervenção nos fenômenos da natureza, exigindo a invenção de instrumentos de peso e medida. O interesse pela natureza buscou dimensionar as regularidades mecânicas dos fatos observados, abandonando ontologia abstrata da física dominante e recorrendo à lógica matemática, em substituição à lógica formal aristotélica, para mensurar e analisar espaços, movimentos, volumes e tempo.

Um novo conhecimento da natureza suplantou os sistemas explicativos formais e introduziu novos métodos de investigar as causas e procurar as leis constantes e regulares que regem o movimento macro e microcósmico, abandonando-se generalidades abstratas em favor de generalidades ordenadas que revelassem as relações estáveis entre o pensamento e os dados observados e, com isso, acrescessem utilidades práticas às descobertas científicas. Consolida-se um novo tipo de conhecimento baseado na quantificação e na mensuração do espaço e do tempo, um conhecimento que se expande na exploração e na conquista da realidade, de novas terras e mares, e do cosmos (CROSBY, 1999).

Uma sociedade mais ampla e complexa, com urgências e demandas sociais novas, gerou tensões e conflitos que eclodiram em movimentos políticos que procuraram reinventar a organização da vida e da sociedade.

Uma concepção sociopolítica, suscitada pelos movimentos sociais e pelo desenvolvimento do capitalismo mercantil, forjou a crítica das teorias absolutistas, do direito natural dos príncipes em favor do contratualismo e do liberalismo, valorizou a soberania do indivíduo na formação da vontade geral e elaborou os fundamentos do Estado nacional.

As teorias que explicaram os tempos novos como produto histórico da evolução progressiva da humanidade, elaboradas por uma camada social – os intelectuais – empolgaram a pequena burguesia, constituída pelos artesãos, burocratas e artistas que difundiram, pela leitura, pelas artes e pelas reuniões, as novas concepções sociopolíticas e científicas, adotando um novo estilo de vida.

Elaborou-se na Europa uma concepção louvada como "tempos novos" ou "modernos", segundo a qual o conhecimento acumulado libertaria a humanidade das forças naturais, das necessidades, das privações, das arbitrariedades e das tradições cristalizadas do passado, criando uma organização da vida social liberta, igualitária, fraterna e próspera. A razão e a liberdade forjariam as leis universais de conduta, engendrando uma humanidade livre que se autorregula e se autoconstrói pela sua ação deliberada e consciente sobre a natureza e os acontecimentos.

Essas transformações socioculturais, para muitos autores, estão delineadas no século XVI por alguns filósofos que criticaram o conhecimento cristalizado, fundamentado na leitura de Aristóteles; opuseram às formalidades de exposição das ideias da escolástica, procurando novas vias para se alcançar um conhecimento verdadeiro. A escolástica era um ensino baseado nos conceitos formais da filosofia de Aristóteles que procurava compor, no plano do discurso, a Revelação Cristã com a lógica silogística e a ontologia aristotélica, observando um formalismo mecânico na argumentação e na exposição dos temas em estudo.

Exemplos emblemáticos de movimento crítico da filosofia são: Francis Bacon, na Inglaterra, e René Descartes, na França.

Francis Bacon (1561-1626)

Pretendia escrever a *Instauratio Magna,* um grande plano de reorganização dos conhecimentos, dividido em 6 partes: 1) analisar o estado atual da ciência e suas lacunas; 2) substituir a lógica aristotélica, elaborando um novo *Organum* (*Novum Organum sive indicia vera de interpretatione naturae,* 1620); 3) propor um modo de investigar; 4) estabelecer leis; 5 e 6) observar como tais conhecimentos poderiam orientar novas intervenções sobre a natureza.

Este grande projeto, sintetizado no novo *Organum,* contesta a lógica de Aristóteles, consubstanciada na obra *Organum,* na qual Aristóteles analisa a estrutura do raciocínio e seus elementos, e que, para Bacon, reduzira as coisas concretas a dez categorias vazias e às noções abstratas de matéria e forma. A ciência nova não é mera especulação, afirmará Bacon, mas a ciência da invenção e dos meios de descobrir suas leis e aplicar as descobertas em proveito da vida prática.

Contra a lógica dedutiva dos silogismos de Aristóteles, propõe uma lógica indutiva que parta da experiência; enumera, previamente, as causas de erros da experiência, a que chama ídolos, e descreve oito processos de fazer experimentações (variação, repetição, extensão, transferência, inversão, supressão, aplicação, conjugação), aplicando à multiplicidade dos fatos o método de verificação da presença e da ausência e o método dos graus aos vários tipos de ciência.

René Descartes (1596-1650)

Escreve, em 1637, o *Discurso do método* (1973), no qual 1) põe em dúvida todos os conhecimentos; 2) estabelece quatro regras para conduzir a razão na busca da verdade: a. aceitar como verdadeiro só o que se apresentar tão claro e distintamente que não haja motivo algum para a dúvida; b. dividir cada dificuldade em tantas partes quantas necessárias para resolvê-la; c. conduzir os pensamentos, começando pelos objetos mais simples e fáceis para subir até os mais complexos; d. fazer enumerações e revisões completas para nada ficar omitido; 3) propor um critério de conduta científica provisória; 4 e 5) extrair da dúvida uma verdade fundamental "penso, logo existo" que fundamenta a existência do espírito, da matéria e do movimento, e conclui: 6. com as justificativas do livro.

Descartes abandona o formalismo lógico da escolástica porque não encontrava o mesmo grau de certeza que a física e a lógica matemática possuíam, pois o "caminho seguro da ciência" põe em acordo todos os espíritos, ao passo que as conclusões metafísicas são incertas e seus argumentos frágeis; por isso, propõe-se fazer um exame crítico do conhecimento, separando a razão que conhece e o mundo que é conhecido.

Bacon e Descartes enfatizam os grandes temas do período, enquanto ambos rejeitam o conhecimento vigente, calcado no formalismo e na autoridade da lógica aristotélica. Bacon ressalta a importância do método de investigar e a utilidade dos conhecimentos extraídos de seu novo método. Descartes declara a relevância da razão individual como fundamento do conhecimento do mundo e da lógica matemática como garantia de um saber seguro. Ambos são representantes típicos de um novo modo de conhecimento.

Outros cientistas contribuíram para suplantar as concepções da física e da cosmologia aristotélicas: Galileu (1564-1642), valorizando a importância da experiência e da lógica matemática na validação dos conhecimentos, concebia a realidade sempre determinada pela quantidade e os fenômenos que a compõem ordenada por relações mensuráveis; afirmava que o universo, este livro aberto aos nossos olhos, "está escrito em língua matemática, e seus caracteres são triângulos, círculos e outras figuras geométricas, sem as quais é impossível entender humanamente uma palavra, e sem as quais nos agitamos em vão em um labirinto escuro" (GALILEU, 2001).

Seu método "compositivo-resolutivo" (indutivo-dedutivo) reduz os fenômenos observados a uma fórmula quantificada e, depois, deduz de uma lei geral os fatos que a compõe. Seus estudos sobre o movimento e a crítica irônica à concepção abstrata do conceito aristotélico do movimento, substituído pela descrição e a aplicação dele na cosmologia, auxiliados por novos instrumentos de observação – o telescópio –, conflagrou a física e a cosmologia dominantes ao defender a concepção heliocêntrica.

Newton (1642-1727) estendeu o cartesianismo à descrição do espaço e do tempo, explicitando o conceito de causa e de efeito, e a previsibilidade dos fenômenos, quando utilizados os instrumentos adequados de medida. Expôs os princípios da mecânica clássica e os fundamentos mecânicos do seu método, que consistia na investigação dos fenômenos do movimento das forças da natureza, e demonstrar outros fenômenos naturais com base nessas forças, designado por ele de filosofia experimental.

O princípio básico é que a natureza é simples e uniforme e as qualidades dos corpos podem ser estabelecidas pelos sentidos, pela observação e pelo experimento. O único procedimento válido para se fundamentar uma proposição científica é o método indutivo, que permite generalização, a partir da inferência de fenômenos singulares e, dada a simplicidade da natureza, atribuir as mesmas causas aos mesmos efeitos, ou como conclui: na filosofia experimental, as proposições inferidas por indução geral dos fenômenos devem ser consideradas estritamente verdadeiras ou como muito próximas da verdade, apesar das hipóteses contrárias que possam ser imaginadas.

Galileu Galilei (1564-1642)

No *Diálogo sobre os dois máximos sistemas do mundo* [Diálogo di Galileo Galilei... *sopra i due massimi sistemi del mundo tolomaico e coperciano*, 1632], divididas em "jornadas": três pessoas dialogam teorias cosmológicas: Simplicio defende a posição tradicional, ptolomaica e escolástica; Salviati é o porta-voz do próprio Galileu e Segredo, um homem honesto, não especialista, mas aberto às ideias novas. Na primeira jornada, critica a física aristotélica e o geocentrismo ptolomaico; na segunda e terceira, confronta a cosmologia copernicana e ptolomaica e, principalmente na terceira, dedica-se a demonstrar a superioridade da cosmologia copernicana para explicar as observações dos corpos celestes em um sistema coeso. No *Discurso sobre as duas novas ciências* (*Discorsi* e *dimonstrationi matematiche intorno a due nuove scienze*... [1638]), articulado com o *Diálogo*, expõe na primeira "jornada" as duas ciências: a teoria da coesão da matéria e a ciência do movimento; na segunda, a teoria da resistência dos materiais e, na terceira e quarta, a fundamentação da mecânica e suas bases matemáticas.

Isaac Newton (1642-1727)

Em sua obra *Princípios matemáticos de filosofia natural* [*Philosophiae naturalis principia mathematica*] publicado em latim, em 1687, conhecida como *Principia*, em um volume dividido em três "livros", explica, no primeiro, o movimento dos corpos no espaço vazio; no segundo, como se movem os corpos em meios que ofereçam resistência, como a água e o ar e, no terceiro livro, demonstra o funcionamento e as leis que regem o movimento solar. Determina o peso (*gravitas*, em latim) e, utilizando-se do cálculo diferencial, calcula o movimento das luas de Júpiter, de Saturno e da Terra, explica como determinar matematicamente a massa da Terra, do Sol e dos planetas, expõe os movimentos da Lua, o cálculo da atração do Sol sobre os cometas e explica a atração gravitacional do Sol sobre a Lua, determinando as marés oceânicas.

O método de investigação baseado na comprovação experimental, calcado nos pressupostos cartesianos – distinguir, dividir, começar pelo mais simples – e galileanos-newtonianos – partir dos fenômenos singulares mensuráveis e generalizar pela indução –, constituíram os fundamentos do método científico conhecido como método experimental. Este método preconiza, com apoio nestes autores e cientistas posteriores, partir de uma afirmação possível ou hipotética (dedução explicativa e racional de dados singulares) que só se afirma certa quando for submetida a uma comprovação palpável e, demonstrados os nexos causais dos fatos, revele a regularidade constante dos eventos e suas leis para, enfim, chegar a uma afirmação certa (indução generalizadora). Esta orientação filosófica e a sua significação para a pesquisa constituem um capítulo significativo da pesquisa experimental.

2.2 O empirismo

A expansão hegemônica da Inglaterra, no século XVIII, possibilitou a adoção do empirismo como a concepção mais influente do século, adotada, com suas peculiaridades, pelos cientistas franceses, formando uma concepção que se consolidou e manteve influência dominante na Europa em todo o século XIX, estendendo-se até a metade do século XX.

O empirismo propõe uma teoria do conhecimento que parte de dados singulares e, pela indução, atinge-se uma ideia geral; esta teoria fundamenta a concepção de coesão geral da sociedade a partir de indivíduos particulares seja pelo absolutismo esclarecido, como advogava Hobbes (1588-1678), ou pelo liberalismo, como preconizava Locke (1632-1704).

Como movimento filosófico, desenvolveu-se na Inglaterra com Locke, Berkeley (1685-1753) e Hume (1711-1776) e John Stuart Mill (1806-1873). Para os empiristas, a fonte primordial do conhecimento é a experiência externa que deriva do contato imediato de um sujeito com um objeto sensível que é exterior a esse sujeito. As sensações ou as percepções, que formam a experiência externa, compõem os dados empíricos a partir dos quais se estruturam noções mais gerais e complexas. A ideia resulta da universalidade das percepções externas do mundo empírico que percutem os sentidos e, neles, ficam impressas.

O conhecimento é um processo indutivo que se inicia com os dados particulares, ou empíricos, e atinge noções mais gerais. Este método indutivo permite passar de um fato particular observado a outro, condicionado pela associação das ideias, e não só fazer enumerações, mas também chegar à generalização da experiência. Por isso, os empiristas rejeitam a teoria das ideias inatas platônicas e o racionalismo cartesiano que partia de alguns princípios, evidentes em si e por si, dos quais, por um método demonstrativo, deduzia-se a certeza.

As ciências empíricas fazem inferências indutivas que consistem em passar de proposições particulares, resultantes de observações ou experiências, para proposições teóricas universais, ou *leis*. Stuart Mill, em 1843, no *Sistema da Lógica* (1974), completará a teoria, reconhecendo que o ato de conhecer é a reunião de um complexo de dados sensíveis atomísticos que, por meio de um processo psíquico funcional, ordena todas as particularidades e alcança, pela indução, explicações generalizadas, descrevendo, deste modo, o processo da generalização.

A função da lógica, antes que a certificação de regras formais do raciocínio, como advoga a lógica aristotélica, é estabelecer inferência consistente de dados conhecidos para se chegar ao desconhecido por meio da generalização e síntese. É a lógica da verdade ou a ciência da prova, na qual o método científico consiste em proceder indutivamente a partir de proposições derivadas empiricamente do conhecimento adquirido pela experiência e avançar, deste modo, do particular conhecido para a síntese geral, desconhecida. Sua teoria exerceu muita influência no positivismo, especialmente na psicologia, no final do século XIX, ao fundamentar a genealogia de toda "generalização da experiência".

Hume levou às últimas consequências as premissas da filosofia empirista, concluindo pelo ceticismo em relação ao conhecimento empiricista e "a crença" que o conhecimento supõe, pois, se a mente não existe em si como um agente ativo de cogitação, ela é um simples receptáculo passivo das impressões sensíveis e um repositório da memória dessas impressões. Deste modo, a noção de causa e efeito (ex.: A é causa de B) é mera decorrência de impressões presentes e passadas na mente, ou da interpretação de sequências repetitivas derivadas simplesmente do hábito e do costume, e consequentemente, as ideias seriam meros produtos de impressões antecedentes e de sua relação associada na mente.

Não há razão, segundo Hume, para crer que os objetos externos "causam" impressões na mente, e o conhecimento é um fato puramente subjetivo, desconectado das coisas externas. A indução não encontra, para ele, justificativa racional. Como resultado do empirismo radical de Hume, não se pode chegar ao conhecimento de nada, exceto do próprio estado mental e de suas relações. A crítica mais consistente à indução será feita por Popper (1975; 1984).

2.3 O idealismo

Na Alemanha, uma nova corrente – o idealismo – procura estabelecer novos horizontes para o conhecimento. Kant (1724-1804), considerado o fundador do idealismo, contrapôs-se às doutrinas filosóficas do empirismo e ao ceticismo de Hume, afirmando que o conhecimento é inconcebível sem o uso ativo de certas categorias cognitivas, intuitivamente, dadas pela experiência (sensação, hábitos etc.) que são, logicamente, antecedentes ao processo cognitivo e ativas na experiência daquele que conhece. O conhecimento não se restringe à mera percepção passiva de objetos externos, mas pressupõe a atividade imprescindível da mente no processo de conhecer.

Kant procura, assim, compor os avanços do conhecimento científico (empiristas) com a importância da razão (racionalismo de Descartes). Ele parte da crítica ao empirismo para afirmar que o conhecimento não se resume às impressões exteriores sobre uma consciência passiva e inerte; há um conhecimento que independe da experiência sensível.

No seu livro *Crítica da razão pura* reconhece que o conhecimento nasce da experiência; esta, contudo, não se resume à mera percepção dos objetos, mas é uma apreensão sensível de objetos, em tempo e espaço, em um contexto regido por leis que se expressam em juízos de experiência.

A experiência, em sentido estrito, reúne o conjunto de impressões sensíveis, põe ordem no caos multiforme das sensações particulares por meio de categorias universais, preexistentes às sensações, e articula os dados empíricos em um todo inteligível – o conceito. Sem esta atividade da mente, sintetizando as particularidades, o mundo sensível seria uma superposição informe de eventos desconexos.

As percepções e todo o mundo sensível tornam-se inteligíveis porque estão coerentemente organizados pelo processo ativo da mente que sintetiza, por meio de algumas categorias *a priori*, o mundo das sensações particulares em uma totalidade articulada. O processo de conhecimento transcende os dados empíricos, pois a percepção não depende só dos sentidos, mas, sobretudo, do aparato mental que organiza o conjunto das impressões sensíveis.

Para provar que há um conhecimento acessível que independe da experiência, Kant afirma que há categorias *a priori*, inatas, que condicionam o conhecimento, como as categorias de quantidade, permanência, causa, existência, necessidade, possibilidades e outras duas "formas puras de intuição" – espaço e tempo. Distingue, assim, a sensibilidade como a faculdade que apreende os diversos dados sensíveis, esparsos no tempo e espaço, sem nenhum nexo, enquanto o entendimento é a faculdade que liga este diverso e esparso em uma síntese.

Em suma: o conhecimento transcende as sensações e pressupõe um processo mental que organize o conjunto das percepções em uma totalidade sintética – o conceito. Este resulta, primacialmente, da razão e não da mera percussão sensível dos objetos exteriores no receptáculo inerte da consciência. A razão é, enfim, o princípio do conhecimento humano em virtude do papel ativo da consciência que produz o mundo em si e para si.

Além disso, Kant distingue a razão científica da razão prática. A racionalidade científica procura o determinismo causal e pode ser identificada, testada e aceita, enquanto a racionalidade prática visa a ação (o fazer), que é inseparável da tomada de decisão (aquilo que deve ser feito) e pressupõe, portanto, autodeterminação do sujeito e sua liberdade de escolha. Deste modo, o conhecimento prático (o que fazer), implicando opções de seres livres, não segue a mesma via, nem usa os mesmos meios e formas de se estabelecer um conhecimento verdadeiro.

Para Hegel (1770-1831), a concepção de Kant permanece em um universalismo empirista: procurando estabelecer os elos entre a razão e a natureza, manteve a natureza independente do sujeito e reduziu a atividade da razão a meras formas *a priori* do conhecimento particular do sujeito. Hegel argumenta que a razão não só organiza o mundo da experiência individual, mas o conjunto finito das experiências individuais que são diferenciações do espírito universal.

O conhecimento não é produto de uma mente singular em um momento do tempo, mas a atividade de uma pluralidade de mentes agindo dinamicamente no tempo e espaço e, deste modo, os fenômenos, os indivíduos concretos e os acontecimentos da história são manifestações finitas e diferenciações de uma realidade única a que chama de concreto universal – o espírito. O conceito é universal porque todas as mentes são manifestações diferenciadas de uma razão universal e não porque é uma ideia que se aplica a todos os objetos que são experienciados do mesmo modo por todas as mentes.

O espírito é superior ao mundo da natureza e não só cria e dá forma ao mundo objetivo, mas é a encarnação de tudo, de tal forma que "tudo que é racional é real; tudo o que é real é racional". Se a evolução do mundo natural é um processo de integração ao meio ambiente, a história, por sua vez, assenta-se na contradição imanente e dinâmica do espírito em "luta árdua e infinita contra si próprio" que transcende a si mesmo, exterioriza-se objetivamente, e pela reflexão, toma consciência de si mesmo e de sua liberdade. A atividade imanente do espírito universal realiza-se na particularidade do espírito individual.

A razão é um "concreto universal", ao mesmo tempo comum a todos e diferenciado em infinitos espíritos particulares. O desdobramento do espírito, no tempo, particulariza-se na vida de um povo e, por etapas dialéticas de afirmação (tese), negação (antítese) e reinvenção (síntese), realiza o progresso da liberdade e racionalidade. A história, deste modo, é o resultado de vontades que agem segundo fins universais e se concretiza objetivamente nas instituições jurídico-políticas de um povo.

Kant e Hegel abriram caminho para diferentes epistemologias e uma pluralidade de concepções dentre as quais duas principais orientações se distinguiram: de um lado, os dialéticos, inspirados na liberdade e na razão prática, concentraram suas análises na ação e na emancipação humanas, realçando a possibilidade da transformação social; de outro, os idealistas, os românticos e existencialistas valorizarão as virtualidades da subjetividade e se manifestarão reticentes em relação à transformação progressiva da história e da sociedade humanas.

2.4 Os fundamentos das ciências humanas e sociais

A distinção entre ciências, em geral, e ciências humanas surge no contexto das querelas metodológicas que, na segunda metade do século XIX, tornou-se um movimento denso de ideias em torno da *filosofia da história,* pretendendo compreender o processo histórico como um todo e formulando um discurso analítico compreensivo sobre o conjunto de eventos históricos factuais.

A filosofia da história reuniu um corpo amplo de ideias formuladas por Vico (1668-1744), na Itália, Condorcet (1743-1794), na França, pelos românticos alemães, como Herder (1744-1803), aos quais se somaram Kant, Hegel e Marx, procurando interpretar a história humana como um todo inteligível e não somente como uma sucessão de acontecimentos empíricos de significado meramente eventual e relevância acidental.

A filosofia da história teve forte influência na história das ideias, mas encontrou uma forte oposição crítica às afirmações especulativas sobre os fenômenos históricos da parte de um grupo de historiadores que formarão a chamada "escola realista" alemã, que buscava um objetivismo dos fatos para mostrá-los "como realmente aconteceram", segundo Ranke, ou ainda buscando a descoberta dos fatos, pelo tratamento filológico das fontes, decompondo a narrativa e submetendo-a a uma rigorosa crítica interna, como Mommsen (1817-1903) pretendia. A escola realista admitia que a objetividade dos fatos históricos somente poderia ser alcançada com a determinação de cada fato histórico em si e este, sendo determinado, tratado por meio de critérios objetivos, independentes de qualquer juízo do historiador, para se constituir em uma "ciência".

O estudo das condições, das diferenciações sociais e das transformações históricas da humanidade tornara-se, neste período, um núcleo de interpretação que induzia à busca de raízes históricas dessas mudanças, seja pelo acúmulo de dados explicativos estatísticos sobre a vida urbana, como se fazia em Manchester, na Inglaterra, ou pela compreensão da diversidade histórica e cultural dos povos, como faziam alguns neokantianos, na Alemanha. A investigação de culturas diferentes da europeia, as origens primitivas do mundo moderno, a explicação pregressa da hegemonia cultural eurocêntrica induziam investigações históricas e antropológicas.

Na Alemanha, a discussão sobre o conjunto dos acontecimentos "vividos" introduz questões metodológicas que permitiam estabelecer um discurso analítico compreensivo, distinto do que é meramente factual. É necessário reconhecer a importância do romantismo e o interesse nacionalista de, em oposição ao racionalismo abstrato e universalista dos iluministas, recuperar as tradições e fatos vividos por um povo, as particularidades subjetivas e locais, como vestígios significativos de tempos primordiais da nação, difundidos pela literatura, música, artes cênicas e apropriado, também, pela pesquisa histórica.

No final do século XIX, a questão em torno de um método próprio das ciências humanas provocou uma ampla polêmica, envolvendo cientistas como Mach, Brentano, Dilthey, Wundt, Jaspers, Rickert, Simmel, Max Weber e diferentes áreas científicas: a filosofia, a história, a sociologia, a economia e as ciências da natureza. A questão foi suscitada pela obra do economista austríaco Carl Menger, publicada em 1883, preconizando uma economia científica que se fundamentasse em hipóteses sobre o comportamento dos indivíduos, a evolução do mercado etc., que conduzissem à formulação de leis e à elaboração de teorias sobre a economia.

A reação veio de um economista da escola histórica, Gustav von Schmoller (1838-1917), advogando que o indivíduo é um ser irredutível ao *homo oeconomicus* – teoria desenvolvida na época por economistas que consideravam o homem um ser meramente racional e abstrato – movido pelo desejo de maximizar a satisfação, se consumidor ou pelo lucro, se produtor. Esse autor opõe um método concreto e empírico que considere as realidades econômicas historicamente situadas e a economia não pode desconsiderar a história humana, marcada pelos acontecimentos situados, em cada período ou pelo meio. O debate não ficou confinado à economia; a escola histórica ingressou firme na polêmica, reivindicando a relação dinâmica dos fatos sociais com as condições situadas de cada época.

Dilthey (1833-1911) faz um balanço crítico da "razão histórica" para fundamentar a validade das ciências do espírito, opondo-se à redução do mundo histórico das experiências humanas vividas a um esquema causal e determinista, próprio das ciências da natureza; estas últimas, por serem generalizantes, abandonam a individualidade, enquanto as ciências do espírito captam as manifestações particulares e as relações recíprocas entre seres humanos, sempre cambiantes e ocorrentes em tempo e espaço determinados.

No mesmo ano de 1883, Dilthey publica *Introdução às ciências do espírito* (1986) e investiga a especificidade das ciências do espírito em oposição às ciências da natureza, procurando solucionar a fundamentação filosófica das ciências humanas: distingue as ciências naturais orgânicas e mecânicas ou físico-químicas, que procuram as relações causais explicativas dos fenômenos, e as ciências humano-históricas que buscam a compreensão interna dos fatos, interpretando os significados dos eventos.

Os debates que se seguiram sobre a especificidade das ciências do espírito em oposição às ciências da natureza e questões sobre a vivência, a gnoseologia, a hermenêutica e as categorias do mundo histórico foram reunidas, no ano de 1910, em *O mundo histórico* (1944). O autor, em suma, propõe duas orientações epistemológicas autônomas: a compreensão (*Verstehen*) em ciências humanas, que envolve o diagnóstico interpretativo e reflexivo sobre o significado dos eventos, à qual contrapõe a explanação ou explicação (*Erklaren*) em ciências naturais, que busca a descrição da coisa em si, independente da consciência. Esta distinção bipolar das ciências tornou-se um mote antipositivista, trabalhada e difundida por ele.

Além disso, Dilthey introduz o tema da "experiência vivida" de cada um que ocorre em uma realidade sócio-histórica, na qual as pessoas não estão inteiramente libertas de suas condições, mas são livres para responder a uma multiplicidade de circunstâncias e fazer escolhas possíveis dentro de uma situação concreta.

Deste modo, as ciências sócio-históricas exploram as relações dinâmicas e mutáveis que acontecem entre os indivíduos em uma situação social datada – na qual eles realizam suas experiências vividas – enquanto as ciências da natureza exploram os fatos uniformes e repetíveis que os objetos naturais propiciam.

Uma das correntes neokantianas – dirigida por Windelband (1848-1915) em Baden – interessada no desenvolvimento da cultura e da história, recorre à distinção usada por G. Droysen (1808-1884), em 1858, para diferenciar as ciências da natureza das ciências históricas.

Windelband rejeita, também, a noção de unidade da ciência, propondo, em 1894, dois significados legítimos ao termo: as ciências naturais são *nomotéticas*, porque buscam estabelecer leis e enunciar generalizações que descrevam a regularidade dos fenômenos – sua essência é a formulação de leis gerais e universais, ao passo que as ciências históricas são *idiográficas*, isto é, buscam a análise descritiva dos fenômenos singulares, visando compreendê-los na sua individualidade e especificidade.

Rickert (1863-1936), discípulo de Windelband, reivindicará a necessidade de escolhas, de juízos de valor na seleção dos eventos históricos significativos, pois a história não se interessa somente pela descrição dos fatos individuais, mas sobretudo pelos aspectos normativos da existência individual e, portanto, implica uma avaliação axiológica dos fatos significativos pelo historiador (RICKERT, 1962).

Estes e outros autores que formaram o *historicismo* advogaram a história como mestra e única base de compreensão e avaliação dos conhecimentos e valores humanos, rejeitando qualquer redução aos critérios das ciências da natureza. Estas diatribes teóricas e as implicações metodológicas para se compor o discurso dos fatos históricos e culturais caracterizarão a *Escola crítica germânica* que, rejeitando qualquer redução positivística da história, colocam as ciências humanas como um empreendimento autônomo, em termos de metodologia distinta, temas e fins próprios, apoiado na compreensão e interpretação *hermenêutica* dos fatos.

A história deixa de ser um gênero literário e, depois, abandona a perspectiva da filosofia da história que visava extrair as lições do passado que se repete, para se firmar como um domínio do conhecimento que define as bases científicas de estudo dos fatos vividos. A antropologia firma-se como um campo que procura, em princípio, descrever sinteticamente os costumes, hábitos, ritos etc. de sociedades "primitivas" e se consolida como uma ciência que procura uma compreensão global dos sistemas sociais.

A sociologia desgarra-se da reflexão abstrata e normativa da vida social e avança na especificação dos fatos sociais, nas regras do método sociológico, na fundamentação compreensiva da vida social. As ciências que tratam do mundo *vivido* de homens e mulheres concretos em convívio social constituem-se como domínios específicos de conhecimento, com métodos e técnicas mais e mais elaborados para compreender a vida social.

A questão dos métodos das ciências humanas e sociais manteve-se presente nas correntes de pensamento do final do século XIX e início do século XX (SMITH, 2004), nos diversos campos do conhecimento e de disciplinas científicas que se firmaram no campo da pesquisa filosófica, histórica, sociológica e antropológica.

Uma perspectiva sintética do desenvolvimento da pesquisa pode ser referida a três temas fundamentais que polarizaram a investigação moderna: a *natureza* enquanto explicável pela causalidade e pela mensuração; o *sujeito*, quanto portador da razão e liberdade, capaz de intervir na realidade objetiva e a *história* enquanto lugar social onde os sujeitos atuam sobre a natureza e os fatos humanos, e tanto fazem os significados e quanto se fazem os autores dos acontecimentos.

2.5 Evolução da pesquisa qualitativa em ciências humanas e sociais

A evolução da pesquisa qualitativa está marcada por rupturas mais que por progressão cumulativa, abriga tensões teóricas subjacentes, cada vez mais inovadoras que a distanciam de teorias, práticas e estratégias únicas de pesquisa.

Esboçar a evolução histórica da pesquisa qualitativa, com todas as questões e tensões ainda sobrerrestantes e inovações crescentes, tem sido sintetizado por diversos autores Bodgan & Biklen, (1994); Erikson (1986), Kirk & Miller (1986), LeCompte, Millroy & Preissle (1992), Denzin & Lincoln (2000), Vidich & Lyman (2000), que resumiram as transformações e progressos da investigação qualitativa, no século XX, demarcando os momentos mais significativos de seu desenvolvimento.

Um breve retrospecto que epitomize as transformações e as contribuições novas, que ampliaram o campo e o significado da pesquisa qualitativa, pode ser delimitado em cinco marcos, ainda que seus limites tenham muito de arbitrário e não possam estar confinados em datas precisas. Alguns podem discordar desses marcos e prefeririam realçar outros feitos, outros autores ou outras inovações. Tem-se presente no estabelecimento desses marcos que a lógica da descoberta científica não decorre um modelo racional, interno à própria ciência, como Popper (1975) considerava, mas, as descobertas que fazem avançar a ciência, na consideração de Kuhn (1962) são as experiências cruciais, é a crítica às práticas normativas, às teorias passivamente aceitas e, ao final, a formulação de proposições ou paradigmas mais adequados à compreensão da realidade.

Um **primeiro marco** da pesquisa qualitativa remonta às raízes mais remotas dos debates sobre o mundo vivido, está associado ao romantismo e ao idealismo, às querelas metodológicas do final do século XIX, como foi exposto neste capítulo, reivindicando uma metodologia autônoma ou compreensiva para as ciências do *mundo da vida* e procurando, a partir do neokantismo, estabelecer as fases evolutivas pregressas da sociedade europeia ocidental, contraposta a outros povos colonizados ou a culturas primitivas. É quando a história, a antropologia, a sociologia, a psicologia social, a economia e as ciências humanas, em geral, não se limitam a reproduzir as exigências metodológicas das ciências da natureza.

Alguns estudos empenharam-se em descrever as precárias condições do mundo da vida dos trabalhadores urbanos e rurais, na era da industrialização, recorrendo a registros e documentação das adversas condições de vida dos operários, produzindo monografias sobre os operários europeus franceses (LE PLAY, 1806; 1982), as condições dos trabalhadores ingleses (ENGELS, 1845; 1986), levantamentos estatísticos e descritivos dos pobres londrinos (BOOTH, apud WEBB, 1926) e os estudos ilustrativos da pobreza (MAYHEW, 1851; 1862). Na apresentação de suas buscas, apropriavam-se das novas questões teóricas e metodológicas mostradas pelo mundo dramático da vida desses personagens. As descrições das mazelas de vidas ignoradas ou exploradas constituíam denúncias candentes das condições vividas e preconizavam urgentes ações saneadoras das adversidades reveladas.

Outros estudos europeus, inspirados no evolucionismo de Darwin e Spencer, procuraram os elos bionaturais e espaçotemporais do mundo da vida, desejando identificar as fases evolutivas que trazem o passado ao momento presente. A busca das raízes arcaicas da vida humana, ante a carência de documentos formais, pôde ser encontrada nas evidências remanescentes, ainda subsistentes em formas de vida primitivas.

Comte (1984), na sua proposição positivista, na metade do século, inspira a adoção de um método "comparativo" para o estudo da diversidade de sociedades e culturas, que demonstre a cadeia evolutiva diacrônica dos seres humanos que progridem de estágios primitivos até o mundo civilizado e explique o estágio sincrônico desigual da vida intelectual e moral dos povos.

O método propõe estabelecer uma classificação diacrônica de três estágios: civilizados, bárbaros e primitivos, descrevendo os elementos e as características de cada estágio, elencando os elementos constitutivos, definindo as categorias de transição progressiva do mundo primitivo para o mundo desenvolvido. Muitos estudos, inspirados pela filosofia positiva, tenderam a realizar levantamentos classificatórios de informações que comprovariam os estágios hipotéticos comteanos ou, ao menos, permitiriam fazer classificações de grupos sociais.

O **segundo marco** ocupa a primeira metade do século XX quando, impulsionada pelos estudos socioculturais, a antropologia constitui-se em disciplina distinta da história e procura estabelecer meios de estudar como vivem grupos humanos, partilhando de suas vidas, no local onde vivem e como dão sentido às suas práticas e mantêm a coesão ao seu grupo. O historicismo alemão, trazendo, de um lado, os debates em torno da fundamentação das "ciências do espírito", ou seja, o domínio do mundo da vida enquanto objetivações cujo significado exige um esforço compreensivo e, de outro, o desenvolvimento de uma metodologia das ciências histórico-sociais abriam novas perspectivas analíticas para a investigação dos fatos humanos e sociais.

O nacionalismo favorecia a recuperação do local sobre o universal, dos costumes, práticas populares e do *folklore* como vestígios de tempos vividos, como objetos de relevância científica. Novas disciplinas científicas afirmam-se, respaldadas na explicitação de suas fundamentações. A história, a antropologia, a sociologia, a educação consolidam-se como novos campos de investigação científica.

A pesquisa começa a se profissionalizar: torna-se produto exemplar de um pesquisador acadêmico renomado que foi viver em lugar distante e original para estudar um grupo primitivo, diferente de sua cultura, partilhando do lugar, das experiências vividas, de suas práticas, ritos e celebrações para descobrir o sentido que eles dão a tudo isso.

A descrição destes povos ganha uma forma particular com a formulação de um modelo de descrição do mundo da vida de povos primitivos, a etnografia, com Malinowski (1976), em 1922, um antropólogo britânico de origem polonesa que descreveu o modo como trabalhou em campo e colheu os dados em sua prolongada permanência com povos da Nova Guiné e das Ilhas Trobiand, na Melanésia. Forçado pela guerra, permaneceu na Austrália tempo maior que o previsto, conviveu de modo direto e durável com os investigados, participando da vida nativa e procurando compreender o significado que os nativos atribuíam aos ritos, normas e fatos cotidianos e dar uma conotação científica ao seu relato, segundo as exigências positivísticas da pesquisa.

A etnografia, porém, ainda que tendo Malinowski como referência, tem uma tradição mais remota: pode ser encontrada nos relatórios coloniais e nas descrições de outros povos, relatadas pelos conquistadores de suas novas possessões ou de indígenas (VIDICH & LYMAN, 2000).

A etnografia, neste período, e o trabalho de Malinowski são, nisso, exemplares, buscam fundamentar a descrição científica das observações sobre a vida do "outro", procurando enquadrar seu relato nos critérios científicos canônicos de validade, confiabilidade e objetividade. O pesquisador descreve o caos dos fatos observados, estabelece os fundamentos da análise, os critérios de comprovação para extrair interpretações generalizantes fidedignas.

No começo do século XX, um grupo de pesquisadores reunidos em torno do Departamento de Sociologia de Chicago, criado em 1892 por Thomas, que desenvolve com Znaniecki um longo estudo sobre as condições dos camponeses poloneses na Europa e na América (THOMAS & ZNANIECKI, 1927), busca fundamentar uma metodologia para estudar o "outro", baseada no convívio com os fatos e as pessoas e nos relatos que elas fazem de suas experiências vividas, utilizando a linguagem ordinária da vida cotidiana.

O núcleo sociológico central da escola – o homem e seu meio ambiente – ganhou força com o ingresso no Departamento, em 1916, de Robert Ezra Park, que fora jornalista, e animou os alunos a irem observar, nas ruas da cidade, as condições de adaptação dos habitantes ao seu *habitat*. Os estudos sobre a cidade elegeram microgrupos urbanos característicos, em equilíbrio precário com o meio, produzindo trabalhos etnográficos sobre o gueto, a gang, o taxista, o vagabundo, o ladrão, enfim, grupos à margem que poderiam ser reintegrados à vida urbana.

A Escola de Chicago criou um método interpretativo realista a partir das narrativas orais de história de vida cotidiana de pessoas comuns, adotando um realismo literário que utilizava a linguagem, as percepções, os sentimentos e os pontos de vista dos pesquisados; o pesquisador assume uma posição empática com o ambiente, as pessoas e os problemas que aborda, confiante de que a descrição dos problemas identificados é, também, o meio tanto de revelação quanto de solução desses problemas sociais.

A pesquisa de extração etnográfica é, no período, produto de um investigador reconhecido que se submeteu a um tirocínio de campo, indo de encontro a uma cultura nativa distante e intacta para experimentar a realidade *in loco*, com seus registros e anotações. Retorna à academia para redigir um relato objetivo da realidade observada, discriminando os fatos particulares registrados que autorizam generalizações válidas e fidedignas da "outra cultura", cristalizada em práticas primitivas, tida como etapa pregressa da vida civilizada. O cientista solitário apreende e explica, em seu texto, ao público acadêmico a vida do "outro", ostenta os objetos documentários que coligiu, interpreta o estágio epocal da cultura estudada e, em geral, avalia a cristalização dessa cultura no tempo.

Estes estudos e a morfologia das pesquisas tornam-se exemplares, meticulosamente reproduzidos por iniciantes em pesquisa, adotando-se seus pressupostos, procedimentos, suas técnicas e instrumentos para comprovar a validade da pesquisa. Os autores paradigmáticos ou as pesquisas exemplares constituíam fundamentos de validade científica diante da soberania das pesquisas experimentais.

Um **terceiro marco**, demarcado entre o pós-II Guerra até os anos de 1970, é a fase áurea da pesquisa qualitativa que se consolida como um modelo de pesquisa a partir dos cânones estabelecidos nos períodos precedentes. Reelaboraram-se os conceitos de objetividade, validade e fidedignidade, procurando definir a formalização e a análise rigorosa dos estudos qualitativos, ainda inspirados no discurso positivista, revestido de argumentos pós-positivistas, admitindo-se o princípio de falseabilidade: a ciência produz teorias mais verossímeis, isto é, de fatos verificáveis extrai-se consequências verificadas que podem, por sua vez, serem refutadas ou *falseadas* por novos fatos (POPPER, 1975; 1984) ou, ainda, que os critérios de validade interna ou externa da pesquisa quantitativa devem socorrer-se de critérios qualitativos em projetos semiexperimentais de pesquisa (CAMPBELL & STANLEY, 1963). Como conseqüência, pode-se captar a realidade só parcialmente e produzir uma descrição provisória ou mais verossímil dessa realidade.

Embora a Escola de Chicago tenha perdido prestígio, novas teorias oriundas dessa escola, como o interacionismo simbólico (BLUMER, 1969), dão suporte à etnometodologia (GARFINKEL, 1967), às teorias da construção da realidade social, introduzidas por Berger e Luckman, em 1967 (BERGER & LUCKMANN, 1983), e à dramaturgia (GOFFMAN, 1975). Novas concepções e práticas derivadas da fenomenologia, da hermenêutica, do marxismo e das teorias críticas neomarxistas trazem novos problemas de estudo sobre culturas diferentes, grupos e subgrupos, introduzem novos aportes teóricos e metodológicos sobre a significação, na pesquisa, do sujeito nas suas interações com os outros e com a sociedade.

O debate qualitativo *versus* quantitativo revigora, de um lado, a contestação do modelo único de pesquisa, a crítica à hegemonia dos pressupostos experimentais, ao absolutismo da mensuração e à cristalização das pesquisas sociais em um modelo determinista, causal e hipotético dedutivo; adensam-se as críticas aos pressupostos ontológicos, epistemológicos e metodológicos do modelo convencional, reconhecendo-se a relevância do sujeito, dos valores dos significados e intenções da pesquisa, afirmando a interdependência entre a teoria e a prática, a importância da invenção criadora, do contexto dos dados e da inclusão da voz dos atores sociais. De outro lado, a pesquisa qualitativa, ainda atada ao positivismo, empenha-se em dar uma fundamentação rigorosa e formalizar os métodos científicos qualitativos, recorrendo a algum expediente quantitativo. O trabalho do grupo de Becker (BECKER; GEER; HUGHES & STRAUSS, 1961) sobre a cultura estudantil de uma escola de medicina é exemplar no esforço de conciliar a pesquisa qualitativa com a quantificação padronizada de observações, transformáveis em estatística legítima, ainda que não se faça uma quantificação precisa (semi-estatística).

Os pesquisadores qualitativos contestam a neutralidade científica do discurso positivista e afirmam a vinculação da investigação com os problemas ético-políticos e sociais, declaram-se comprometidos com a prática, com a emancipação humana e a transformação social, adensam-se as críticas aos postulados e exigências das pesquisas unicamente mensurativas (CICOUREL, 1964).

Ganham vigor os métodos clínicos de observação participante, a coleta partilhada de dados que dê voz aos silenciados e a interpretação significante que releve o conhecimento supresso por uma concepção unitária de pesquisa; em consonância com estas opções, a entrevista suplanta o questionário, as entrevistas não diretivas, exploradas por Rogers (1945), são largamente utilizadas. A observação participante rivaliza-se com as amostragens quantitativas, a arte da interpretação sobrepuja a estatística.

A pesquisa científica, neste período, expande-se graças aos recursos crescentes dos fundos públicos e se torna um programa político dos países desenvolvidos, principalmente diante da competição produzida, no período da Guerra Fria, após o lançamento do Sputnik, em 1957, e a disputa entre Estados Unidos e União Soviética pela supremacia científica mundial. Criam-se institutos e centros de pesquisas, reunindo pesquisadores em torno de programas de pesquisa, áreas de conhecimento ou temas específicos, gerando um incremento grande da pesquisa científica.

No **quarto marco**, a década de 1970 e 1980, ampliaram-se os investimentos públicos e privados. Com a expansão dos recursos e o desenvolvimento da pesquisa, das equipes de pesquisadores e centros de pesquisa universitários e institucionais surgem novas orientações e novos paradigmas, refletindo uma mudança de visão sobre a natureza da pesquisa e sua contribuição para a política e a prática (WORLD YEARBOOK, 1980; 1985), gerando uma profusão de iniciativas, métodos e técnicas de pesquisa em todas as áreas do conhecimento, conexas com o desenvolvimento e a educação (LANDSHEERE, 1986).

As induções apodíticas e as certezas positivas são postas em questão pelos pós-positivistas (POPPER, 1975; 1984) e autores com uma larga experiência em pesquisas quantitativas (CAMPBELL & STANLEY, 1963; CAMPBELL, 1974; CROMBACK, 1974) socorrem-se ou reconhecem as virtualidades da pesquisa qualitativa ou são postas em questão as certezas únicas de pesquisa em ciências humanas (ROSALDO, 1989).

Novos temas e problemas originários de classe, gênero, etnia, raça, culturas trazem novas questões teóricas e metodológicas aos estudos qualitativos. Uma confluência de tendências, disciplinas científicas, processos analíticos, métodos e estratégias aportam à pesquisa qualitativa criando um campo amplo de debates sobre o estatuto da pesquisa.

O estruturalismo, o pós-estruturalismo, o pós-modernismo introduzem críticas à autoridade privilegiada de teorias, certezas, paradigmas, narrativas e métodos de pesquisa e às pretensões de descrições cabais do "outro" que pretendam inscrever, em um texto científico, todos os significados vividos por sujeitos e culturas concretas. A fenomenologia, o marxismo, o positivismo, o construtivismo buscam novos referenciais diante das questões abertas pela crítica, a ética, o estatuto da verdade, o feminismo, o Terceiro Mundo e as multidões silentes.

As pesquisas desvinculam-se dos referenciais positivísticos e tendem para o estudo de questões delimitadas, locais, apreendendo os sujeitos no ambiente natural em que vivem, nas suas interações interpessoais e sociais, nas quais urdem os significados e constroem a realidade. Outras disciplinas contribuem para superar o confinamento das pesquisas em estudos microanalíticos ou o isolamento nas interações interpessoais dos atores sociais a fim de analisar os liames entre a pesquisa e a estrutura social de classe ou avaliar o efeito da pesquisa na mudança social e no desenvolvimento material e cultural da sociedade.

Há uma fusão transdisciplinar das ciências humanas e sociais, cada autor transigindo com diversas disciplinas, busca ampliar a legitimidade dos temas pesquisados com conhecimentos de diferentes disciplinas traduzindo-os em formas criativas e inovadoras. Os textos científicos socorrem-se de diferentes gêneros literários para expor os significados extraídos de documentos, práticas, símbolos, como contos, relatos de campo, experiência pessoal, casos etc. ou, ainda, buscam, por meio de analogias do mundo social com teatro, drama, jogo, dança, gerando uma mixagem de estilística textual que, afirma Geertz, falta apenas "a teoria quântica apresentada em versos ou uma biografia em álgebra" (GEERTZ, 1998: 35).

O **quinto marco**, a década de 1990 em diante, está delimitado pelo desaparecimento do único sistema concorrencial ao capitalismo liberal, o comunismo soviético, abrindo caminho para a globalização planetária do capitalismo e ascensão dos programas políticos neoliberais. Se, de um lado, ressurge a confiança nas teses da "sociedade do conhecimento" e o "fim das ideologias" (BELL, 1974) e no poder apaziguante do consumo capitalista, fortalecido pelas novas tecnologias, de outro, aguça-se o vigor analítico das teorias críticas, denunciando as desigualdades subjacentes a essa ilusão igualitária.

A posição social do autor da pesquisa, a onipotência descritiva do texto científico, a transcrição objetiva da realidade é posta em questão:

o pesquisador está marcado pela realidade social. Toda observação está possuída de uma teoria, o texto não escapa a uma posição no contexto político e a objetividade está delimitada pelo comprometimento do sujeito com sua realidade circundante.

Mais que se contentar com o princípio da falseabilidade de Popper (1984), a pesquisa tende a orientar-se, parafraseando Rorty (1985), para uma objetividade solidária ou definir novos padrões de validade e legitimidade. As pesquisas propendem para reconhecer uma pluralidade cultural, abandonando a autoridade única do pesquisador para reconhecer a polivocalidade dos participantes (FINE, 1994; FINE & WEIS, 1998; FINE & POWELL et al.,1997; FINE; WEIS; WESSEN & WONG, 2000).

O padrão textual tende admitir a poliformidade descritiva da vida e da cultura (LEMKE, 1995; MARCUS & FISHER, 1986; ROSALDO, 1989; GERGEN, 1991), a legitimidade do texto escrito busca fundamento no percurso reflexivo do autor para obter os resultados (HERTZ, 1997), assumindo variadas formas (ELLIS & BOCHNER, 1996), a validade da investigação recorre à possibilidade de se traduzir a experiência humana em um texto (SMITH, 1993; TIERNEY & LINCOLN, 1997); patenteiam-se as virtudes e os limites discursivos sobre a realidade descrita, em um produto científico (MANNING & CULLUM-SWAN, 1994). Há, enfim, uma gama de questões teórico-metodológicas abertas pelos pesquisadores qualitativos que, longe de se esgotarem, fertilizam a discussão atual e futura da pesquisa científica em ciências humanas e sociais.

As pesquisas absorvem as temáticas do pós-modernismo para objetar a racionalidade tecnoinstrumental, que comanda a pesquisa convencional, a fim de relevar a originalidade criadora da investigação ou recorrem às sensibilidades, que o pós-modernismo invoca para analisar as possibilidades estéticas dos estilos discursivos ou textuais da pesquisa ou, enfim, recorrem ao pós-modernismo, como crítica política às relações de poder e dominação, que subjazem às relações de classe, gênero, raça, etnicidade, colonialismo e culturas para desmistificar a neutralidade e apresentar os múltiplos focos de coerção e poder que uma investigação acurada descobre (CLOUGH, 1994; APPLE, 1996; BEHAR & GORDON, 1995; CARSPECKEN, 1999; NICHOLSON & SEIDMAN, 1995).

Conclusão

Um sumário histórico, com todas as limitações implicadas sínteses, seja pelos recortes necessários, seja pelos nomes omitidos ou eventos não mencionados, pode indicar que as questões da pesquisa qualitativa, longe de se esgotarem ou de se constituírem em um modelo único, deixa um horizonte variado de interrogações que se fazem presentes nas pesquisas em ciências humanas e sociais.

O século XX foi, para a pesquisa em ciências humanas e sociais, o século de grandes descobertas teóricas, de expansão da atividade pesquisadora e de difusão dos conhecimentos. A organização da sociologia, da educação, da história, da psicologia, da antropologia, da linguística, da comunicação foi acompanhada de um crescimento de pesquisadores profissionais dessas diferentes áreas do conhecimento, do aumento notável de difusão das descobertas por meio de uma variedade de publicações, congressos e seminários e de veiculação crescente de hipertextos midiáticos.

A própria atividade pesquisadora tende a se expandir como uma forma de ensino-aprendizagem nas quais as novas gerações serão formadas e, com isso, a pesquisa, como uma prática social relevante, tenderá, cada vez mais, a trazer novas questões teórico-metodológicas nos anos vindouros.

O aumento considerável de publicações sobre questões epistemológicas, metodológicas e técnicas da pesquisa atesta não só o interesse crescente por uma atividade em franco desenvolvimento, mas também a gama de questões suscitadas com o incremento da pesquisa. Obras de síntese (DENZIN & LINCOLN, 2000; SEALE, et al., 2004) mostram a densidade de questões presentes na pesquisa atual.

Uma agenda futura para a pesquisa sugere que algumas questões candentes continuarão a provocar os pesquisadores. Algumas epistemológicas: a onipresença e onipotência do autor no texto e a relevância do "outro", o estilo e a validade do discurso como tradução da realidade descrita, o público e a apresentação perfuntória ou performática do texto científico; outras, ético-políticas, como os fins sociais da pesquisa, a voz dos silentes, o poder e a emancipação, a solidariedade e participação na transformação deliberada da vida humana.

Cresce, porém, a consciência e o compromisso de que a pesquisa é uma prática válida e necessária na construção solidária da vida social, e os pesquisadores que optaram pela pesquisa qualitativa, ao se decidirem pela descoberta de novas vias investigativas, não pretenderam nem pretendem furtar-se ao rigor e à objetividade, mas reconhecem que a experiência humana não pode ser confinada aos métodos nomotéticos de analisá-la e descrevê-la.

Referências

APPLE, M. (1996). *Cultural politics and education.* Nova York: Teachers College Press.

BACON, F. (1973). *Novum Organum ou verdadeiras indicações acerca da interpretação da natureza.* São Paulo: Abril. Col. Os Pensadores, 13 (Texto original publicado em 1620).

BECKER, H.S.; GEER, B.; HUGHES, E.C. & STRAUSS, L. (1961). *Boys in White*: students culture in medical school. Chicago: Chicago University Press.

BEHAR, R. & GORDON, D.A. (1995). *Women writing culture.* Berkeley: University of California Press.

BELL, D. (1974). *The coming of post-industrial society.* Londres: Sage.

BERGER, P. & LUCKMANN, T. (1983). *A construção social da realidade.* Petrópolis: Vozes.

BERKELEY, G. (1710/1973). *Tratado sobre os princípios do conhecimento humano.* São Paulo: Abril. Col. Os Pensadores, 12.

BLUMER, H. *Symbolic interactionism* (1969). Englewood Cliffs, NJ: Prenctice Hall.

BODGAN, R. & BIKLEN, S.K. (1994). *Investigação qualitativa em educação* – Uma introdução à teoria e aos métodos. Porto: Porto Ed.

CAMPBELL, D.T. (1974). *Qualitative knowing in action research.* Communication to Assembly of American Psychological Association. Los Angeles, setembro.

CAMPBELL, D.T. & STANLEY, J.C. (1963). Experimental and quasi-experimental designs for research. In: GAGE, G. *Handbook for research on teaching.* Chicago: Rand McNally, p. 171-246.

CARSPECKEN, P.F. (1999). *Four scenes for posing the question of meaning and other essay in critical philosophy and critical methodology.* Nova York: Peter Lang.

______ (1996). *Critical ethnography in educational research* – A theoretical and practical guide. Nova York: Routledge.

CICOUREL, A.V. (1964). *Method and measurement in sociology.* Nova York: Free Press.

CLOUGH, P.T. (1994). *Feminist thougt*: Desire, power, and academic discourse. Cambridge, MA: Blackwell.

COMTE, A. (1984). *Curso de filosofia positiva.* São Paulo: Abril.

CONDORCET, J.A.N. (1993). *Esboço de um quadro histórico dos progressos do espírito humano.* Campinas: Unicamp (Texto original publicado em 1795).

CROMBACK, L.J. (1974). *Beyond the tow disciplines of scientific psychology.* Comunication to Assembly of American Psychological Association. Los Angeles, setembro 1974.

CROSBY, A.W. (1999). *A mensuração da realidade* – A quantificação e a sociedade ocidental (1250-1600). São Paulo: Unesp.

DENZIN, N.K. & LINCOLN, Y.S. (orgs.) (2000). *Handbook of qualitative research.* 2. ed. Thousand Oaks, CA: Sage.

DESCARTES, R. (1973). *Discurso do método*. São Paulo: Abril. Col. Os Pensadores, 15 (Texto original publicado em 1637).

DILTHEY, W. (1986). *Introducción a las ciencias del espíritu*. Madri: Alianza (Texto original publicado em 1883) [Trad. de J. Marías].

______ (1944). *El mundo historico*. México: Fondo de Cultura Economica (Texto original publicado em 1910) [Tradução de. E. Imaz].

ELLIS, C. & BOCHNER, A.P. (1996). *Composing ethnography* – Alternative forms of qualitative writing. Walnut Creek, CA: AltaMira.

ENGELS, F. (1845/1986). *A situação da classe trabalhadora na Inglaterra*. São Paulo: Global.

ERICKSON, F. (1986). Qualitative methods in research on teaching. In: WITTROCK, M.C. *Handbook of research on teaching*. Nova York: MacMillan, p. 162-213.

FINE, M. (1994). Working the hyphens – Reinventing the self and other in qualitative research. *In*: DENZIN, N.K. & LINCOLN, Y.S. (orgs.) (1994). *Handbook of qualitative research*. Thousand Oaks, CA: Sage, p. 70-82.

FINE, M.; POWELL, L.C.; WEIS, L. & WONG, L.M. (orgs.) (1997). *Off White*: Readings on race, power and society. Nova York: Routledge.

FINE, M. & WEIS, L. (1998). *The unknown city*: The lives of poor and working-class young adults. Boston: Beacon.

FINE, M.; WEIS, L.; WESSEN, S. & WONG, L. For whom? Qualitative research, representations and social responsabilities. In: DENZIN, N.K. & LINCOLN, Y.S. (orgs.) (2000). *Handbook of qualitative research*. 2. ed. Thousand Oaks, CA: Sage, p. 107-131.

GALILEI, Galileu (2001). *Diálogo sobre os dois máximos sistemas do mundo* – Ptolomaico e Copernicano. São Paulo: Fapesp (Texto original publicado em 1632).

______ (1976). *Consideraciones y demonstrationes matemáticas sobre dos nuevas ciencias*. Madri: Nacional (Texto original publicado em 1638).

GARFINKEL, H. (1967). *Studies in ethnomethodology*. Englewood Cliffs, NJ: Prentice-Hall.

GEERTZ, C. (1998). *O saber local* – Novos ensaios em antropologia interpretativa. Petrópolis: Vozes.

______ (1989). *A interpretação das culturas*. Rio de Janeiro: LTC.

GERGEN, K.L. (1991). *The satured self*: Dilemas of identity in contemporary life. Nova York: Basic Books.

GOFFMAN, E. (1975). *A representação do eu na vida cotidiana*. Petrópolis: Vozes.

HEGEL, G.W.F. (1986). *Lecciones sobre la filosofía de la historia universal*. Madri: Alianza [Tradução de J. Gaos].

______ (1955). *Lecciones sobre la historia de la filosofía (1833- 1836)*. México: Fondo de Cultura Económica, 3 vol. [Tradução de W. Roces].

______ (1955). *Princípios da Filosofia do Direito*. São Paulo [s.e.].

HERTZ, R. (org.) (1997). *Reflexivity and voice*. Thousand Oaks, CA: Sage.

HUME, D. (1973). Investigação sobre o entendimento humano. In: BERKELEY, G. *Tratado sobre os princípios do conhecimento humano*. São Paulo: Abril. Col. Os Pensadores, 12.

HUSSERL, E. (1985). *Investigaciones lógicas*. Madri: Alianza.

______ (1980). *Filosofia como ciência rigorosa*. Coimbra: Atlântida [Tradução de Albin Beau].

KANT, I. (1974). *Crítica da razão pura e outros escritos*. São Paulo: Abril. Col. Os Pensadores, 25 [Tradução de Valerio Rodhen et al].

KIRK, J. & MILLER, M. (1986). *Reability and validity in qualitative research*. Beverly Hills: Sage. University Press. Series on qualitative research methods, vol. 1.

KUHN, T.S. (1962). *A estrutura das revoluções científicas*. 5. ed. São Paulo: Perspectiva.

LANDSHEERE, G. (1986). *La recherche en éducation dans le monde*. Paris: PUF.

LeCOMTE, M.; MILLROY, W. & PREISSLE, J. (orgs.) (1992). *The handbook of qualitative research in education*. San Diego: Academic Press.

LEMKE, J. (1995) *Textual politics*: Discourse and social dynamics. Londres: Taylor & Francis.

LE PLAY, F. (1876-1879). *Les ouvriers européens*. 2. ed. Paris: Pinter. Bibl. Sciences Sociales, 7 vol.

LINCOLN, Y.S. & GUBA, E.G. (1985). *Naturalistic inquiry*. Beverly Hills, CA: Sage.

LOCKE, J. (1991). *Ensaio sobre o entendimento humano*. 5. ed. São Paulo: Nova Cultural.

LOFLAND, J. & LOFLAND, L.H. (1984). *Analysing social settings*: A guide to qualitative observation and analysis. 2. ed. Belmont, CA: Wadswoth.

MALINOWSKI, B. (1976). *Argonautas do Pacífico Ocidental*: um relato do empreendimento da aventura dos nativos nos arquipélagos da Nova Guiné. São Paulo: Abril.

MANNING, P.K. & CULLUM-SWAN, B. (1994). Narrative, content, and semiotic. In: DENZIN, N.K. & LINCOLN, Y.S. (orgs.). *Handbook of qualitative research*. Thousand Oaks, CA: Sage, p. 463-477.

MARCUS, G.E. & FISCHER, M.M.J. (1986). *Anthropology as cultural critique*: An experimental moment in the human sciences. Chicago: University of Chicago Press.

MAYHEY, H. (1968). London labour and the London poor. In: FRIED, A. & ELMAN, R. (orgs.). *London, 1851-1862*. Nova York: Pantheon.

MEAD, M. (1985). *Adolescencia, sexo y cultura em Samoa*. Barcelona: Planeta.

MILL, J.S. (1974). *Sistema de lógica dedutiva e indutiva* – Exposição dos princípios da prova e dos métodos de investigação científica. São Paulo: Abril. Col. Os Pensadores, 34.

NEWTON, I. (1987). *Principios matemáticos de la filosofía natural*. Madri: Tecnos [Tradução de A. Escohotado].

NICHOLSON, L.J. & SEIDMAN, S. (orgs.) (1995). *Social postmodernism*: Beyond identity politics. Nova York: Cambridge University Press.

POPPER, K.R. (1984). *Conjectures and refutations*: The growth of scientific knowledge. Londres: Routledge/Keagan.

______ (1975). *Lógica da investigação científica*. São Paulo: Cultrix.

______ (1943). *Princípios da prova e dos métodos de investigação científica*. São Paulo: Abril. Col. Os Pensadores, 34.

RICKERT, H. (1962). *Science and history*: a critic of positivist epistemology. Nova York: Van Nostrand.

ROGERS, C. (1945). "The non-directive method as a technique for social research". *American Journal of Sociology*, 54, p. 279-283.

RORTY, R. (1985). Solidarity or Objectivity? In: RAJCHMAN, J. & WEST, C. (orgs.). *Post-analytic philosophy*. Nova York: Columbia University Press, p. 3-19.

ROSALDO, R. (1989). *Culture and truth*: the remaking of social analysis. Boston: Beacon.

SEALE, E. et al. (2004). *Qualitative research practice*. Thousand Oaks, CA: Sage.

SMITH, M.J. (2004). *Philosophy and methodology of the social sciences*. Thousand Oaks, CA: Sage.

______ (1993). *After the demise of empiricism*: The problem of judging social and educacional inquiry. Nordwood, NJ: Ablex.

SMITH, J.K. & DEEMER, D.K. (2000). The problem of criteria in the age o relativism. In: DENZIN, N.K. & LINCOLN, Y.S. (orgs.) (2000). *Handbook of qualitative research*. 2. ed. Thousand Oaks, CA: Sage, p. 877-896.

THOMAS, W.I. & ZNANIECKI, F. (1927). *The polish peasant in Europe and America*. Nova York: Knopf.

TIERNEY, W.C. & LINCOLN, Y.S. (orgs.) (1997). *Representation and the text*: Re-framing the narrative voice. Albany: State University of New York Press.

VICO, G. (1725/1979). *Princípios de uma ciência nova*: acerca da natureza comum das nações. 2. ed. São Paulo: Abril. Col. Os Pensadores.

VIDICH, A.J. & LYMAN, S.M. (2000). Qualitative methods: Their history in sociology and anthropology. In: DENZIN, N.K. & LINCOLN, Y.S. (orgs.). *Handbook of qualitative research.* 2. ed. Thousand Oaks, CA: Sage, p. 37-84.

WEEB, B. (1926). *My apprenticeship*. Nova York: Longamns, Grenn & Co.

WINDELBAND, W. (1888). *Geschichte der allen Philosophie*. Leipzig.

WORLD YEARBOOK OF EDUCATION (1980-1985). Londres: Kogan Page.

Parte II
Estratégias de pesquisa

I - Etnografia

1 O termo

Etnografia, significando a descrição de um grupo social, deriva etimologicamente do grego, de *graphein* – descrever e *ethnos* –, estrangeiro, bárbaro e depois foi utilizado para descrever um grupo cultural. Foi apropriada como uma antropologia descritiva dos modos de vida da humanidade, e introduzida como um modo de descrição social científica de uma pessoa ou da configuração cultural de uma população.

Seu uso passou a ser utilizado para descrever a cultura de grupos primitivos específicos com a finalidade de reconstruir cenários ou grupos culturais intactos (SPRADLEY & MacCURDY, 1972), depois descrever pequenas comunidades humanas, recriando para o leitor as crenças, artefatos, os conhecimentos populares e os comportamentos de algum grupo (LeCOMPTE; PRESSLEY & TECH, 1993) e, enfim, a descrição e análise da cultura de grupos inseridos na dinâmica dos processos sociais (CLOUGH, 1992; CARSPECKEN & APPLE, 1992; QUANTZ, 1992) de pequenas comunidades e, por extensão, dos processos sociais da sociedade, em geral.

A adoção crescente da etnografia em diferentes disciplinas científicas como a sociologia, a educação e a psicologia, e a sua utilização em diferentes áreas de pesquisa, como a planificação, avaliação de políticas sociais, direitos humanos, organização empresarial, estudos culturais, estudos feministas, enfermagem etc. têm assumido o pressuposto fundamental da etnografia: a interação direta com as pessoas na sua vida cotidiana pode auxiliar a compreender melhor suas concepções, práticas, motivações, comportamentos e procedimentos, e os significados que atribuem a essas práticas. A inscrição em um texto compreensivo pode assumir modos, estilos e linguagens consentâneos com os objetivos da etnografia e com o público a quem se destina.

2 *Origens históricas*

As etnografias primitivas procuravam descrever a origem da cultura ocidental e os elos remotos que a prendiam a uma cadeia de seres prístinos. A descoberta das Américas e o comércio com o Oriente ao encontrarem a diversidade de valores, a multiplicidade de culturas e a profusão de modos de vida, suscitaram descrições de tais expressões de vida a partir da cosmovisão colonialista europeia, pelos conquistadores, viajantes, administradores e missionários em memórias, cartas, diários e relatórios administrativos. Mas a etnografia profissional surge como um método científico a partir da difusão do neokantismo na cultura anglo-americana e o interesse em compreender as mudanças e a continuidade social produzida pela industrialização.

Alguns reformadores europeus, nos séculos XIX e XX, também descreveram, a partir de observações e da coleta de informações sobre os problemas sociais, as condições de vida dos trabalhadores da cidade e do campo para advogar a superação das injustiças, da miséria ou da criminalidade.

3 *Evolução*

As teorias evolucionistas da sociedade, inspiradas na biologia, foram as fontes originárias que configuraram a etnografia e fundamentaram a pesquisa sobre o desenvolvimento progressivo da sociedade. Um primeiro marco pode ser encontrado no racialismo antropológico da segunda metade do século XIX. Essa teoria procurava encontrar uma escala de raças similar à escala das espécies animais e, segundo Lewis Morgan, porta-voz das teorias evolucionistas, na obra *A sociedade arcaica,* publicada em 1877, as sociedades civilizadas resultariam de sociedades "primitivas", caracterizadas pela ausência de leis e habitadas por "selvagens", vivendo a promiscuidade sexual. Essas sociedades evoluíram para uma fase "civilizada", passando por uma época intermediária ou "bárbara".

Segundo essa teoria, o desenvolvimento progressivo da sociedade podia, segundo Booth (WEBB, 1926), ser descrito cronologicamente e, conforme o naturalismo cultural positivista dos anos de 1920, inspirado na sociologia de Durkheim, ser feita por meio de comparações entre sociedades, vivendo em diferentes estágios civilizatórios. O método comparativo do positivismo consistia em identificar o estágio de uma sociedade, caracterizar sua fase evolutiva atual e classificá-la em relação ao momento derradeiro do progresso humano e social, tido como o mais alto grau de vida social.

Apoiadas nas leis da evolução progressiva, as pesquisas poderiam revelar as leis subjacentes dos comportamentos sociais e, com este pressuposto, a investigação poderia colher e classificar informações comparativas com outros povos, documentar a diversidade cultural, descrever os padrões de cultura e mostrar os estágios da ortogênese social do mundo civilizado (europeu). Essas reconstruções dos estágios primitivos da sociedade conseguiriam explicar o desenvolvimento atual das sociedades industrializadas. A etnografia é, nesse período, uma descrição das crenças, magias, artefatos e da organização social que expressariam o estado civilizatório da comunidade estudada.

Em oposição a esse evolucionismo físico e rácico, o difusionismo alemão, iniciado por Friedrich Ratzel (1844-1904), considera que a cultura são as invenções e técnicas que assinalam as fases de expansão e declínio das civilizações, e a pesquisa etnográfica consiste em reconstituir as vias pelas quais essas noções e técnicas expandiram-se ou declinaram no mundo. Adversário de generalizações abstratas, e de uma visão linear da história, Franz Boas (1928), nos Estados Unidos, contrapõe-se à concepção de "primitivo", como sendo um estágio irracional e mágico, leva em conta o difusionismo alemão para advogar o estudo direto e exaustivo da cultura, considerando-a como realidade mental, pouco permeável ao meio ambiente e independente do tipo físico. A etnografia desgarra-se das ciências naturais e do evolucionismo para concentrar-se nos aspectos culturais de grupos sociais específicos.

Inaugurando o funcionalismo antropológico britânico, Malinowski (1922) e Radcliffe-Brown (1931;1952) também rejeitam o evolucionismo e as ideias de que os "primitivos" sejam origens atrasadas e procuram, nos estudos antropológicos, identificar as necessidades universais das sociedades humanas e os diferentes modos ou funções de cada grupo em satisfazê-las. Essas funções podem ser identificadas, de modo especial, nos estudos de pequenas comunidades, no contato próximo e durável com os membros dessas comunidades.

A etnografia, como subdisciplina da antropologia, consolida-se a partir dos trabalhos de Malinowski, como a descrição do conhecimento cultural do meio em que estão os informantes, pela observação ecológica dos dados e o significado que os membros nativos de um grupo atribuem às suas ações e práticas.

Malinowski empregou algumas indicações de antropólogos ingleses (TEDLOCK, 2000) para descrever o modo como colheu os dados em campo e fundamentar suas conclusões, recomenda ao pesquisador partir de um problema presumido, mas sem ideias preconcebidas, buscando em campo os dados de modo análogo às ciências naturais: reunir sistematicamente os dados observados, ao que chamou documentação estatística concreta, para apresentar generalizações comprovadas e fidedignas da interpretação dos modos de vida e da estrutura social do grupo mas, sobretudo, buscar a compreensão holística da cultura em estudo.

Para apreender o ponto de vista do nativo é, segundo ele, indispensável o convívio durável com os membros da comunidade investigada, a observação *in loco* dos fatos, que levem a uma compreensão de "dentro", entrevistas com informantes selecionados na linguagem ordinária nativa, fazendo emergir as bases teóricas da investigação de descobertas feitas em campo, sempre confirmadas por verificações.

4 Difusão da etnografia

O método foi adaptado para o estudo de segmentos da sociedade moderna urbanizada que utilizou as recomendações no estudo sociológico de segmentos sociais característicos, cultural e socialmente segregados da vida urbana ou inadaptados à sociedade industrializada. No começo do século XX, os estudos pioneiros da Escola de Chicago, realizados por Thomas & Znaniecki (1927), haviam também adequado algumas indicações da nascente antropologia social inglesa ao estudo sobre imigrantes poloneses.

Nos anos de 1920-1930, o método foi adaptado por outros sociólogos desta escola como Robert Park e E. Burgess (1925) e L. Wirth (1928) que recorreram ao estudo de campo, à observação participante e às entrevistas informais para documentar a vida cotidiana e estudar a adaptação de grupos específicos naturais à sociedade urbana industrializada. Estudaram a assimilação e equilíbrio entre o espaço geofísico local e as competências concorrentes dos indivíduos, adaptados à vida urbana ou segregados dela, fazendo descrições singulares de pequenos grupos que viviam fora dos padrões típicos da classe média urbana norte-americana, com a finalidade de redimi-los das condições adversas em que viviam e integrá-los ao convívio virtuoso da sociedade oficial.

O declínio trazido pela Depressão de 1929 não impediu o desenvolvimento do *interacionismo simbólico* de Blumer (1969) que, apoiado em George Mead (1934), estendeu a interação sujeito-ambiente para as interações entre pessoas e analisou os significados produzidos nas interações interpessoais. O interacionismo simbólico fomentou estudos baseados na atribuição de significado nas interações da vida cotidiana e reforçou as pesquisas sociológicas apoiadas em estudos etnográficos.

Nos anos de 1950-1960, o revigoramento da etnografia se manifesta em Whyte (1955) em seu estudo sobre comunidade ítalo-americana, residente na periferia de Boston, com a qual convive de modo permanente e duradouro com ela, fazendo-se um de seus membros e utilizando, de modo exemplar, o que cunhou de observação participante. Os estudos qualitativos consolidaram-se como um tipo de pesquisa científica reconhecida fora do padrão hipotético-dedutivo das pesquisas experimentais.

Nos anos de 1960-1970, a etnografia tornou-se multiface, fecundando diferentes disciplinas como a sociologia (BECKER; GEER; HUGHES & STRAUSS, 1961; CICOUREL & KITUSE, 1963; YOUNG, 1971; KARABEL & HALSEY, 1978), a educação (SPINDLER, 1970; 1974; SPINDLER & SPINDLER, 1987), a psicologia (COLE & SCRIBNER, 1974), incorporando as análises dos problemas econômico-políticos que afetam o mundo dos pesquisados às questões sobre aculturação-assimilação social. As etnografias incluíram em suas análises o contexto sócio-histórico dos objetos de pesquisa, procurando compreender não só a dinâmica microestrutural (ambiente, comportamentos etc.), mas também a macroestrutura social (Estado, poder etc.). Essas orientações fizeram-se presentes nas pesquisas realizadas no Brasil nos anos de 1980 (GARCIA, 2001).

Nos anos de 1980-1990, a etnografia oscila entre a busca de legitimidade e representatividade científicas, fundada na indução analítica (MANNING, 1991: 82-91) ou no realismo analítico (ALTHEIDE & JOHNSON, 1994) e os discursos de autoliberação da etnografia de sua cumplicidade com o imperialismo, de seu compromisso com o objetivismo e de sua crença no monumentalismo (ROSALVO, 1989), além da crítica aos objetos, aos tipos e estilos da pesquisa antropológica (MARCUS &

FISCHER, 1986; CLIFFORD & MARCUS 1986; TYLER, 1987), mas, sobretudo, sensível ao discurso pós-moderno, as etnografias tendem a des-construir meta-narrativas universais onipotentes, desfazer-se do evolucionismo gradualista, do eurocentrismo colonial, do machismo patriarcal, de regimes sutis de poder, para testemunhar miríades de lutas sociais e inscrevê-las em um texto narrativo, tendendo não só a manter uma observação participante, mas também discutir as observações do participante (TEDLOCK, 2000).

Por outro lado, as teorias sociais críticas – interessadas de modo particular pelas questões de poder e justiça e os caminhos pelos quais a economia, as questões de raça, classe, gênero, ideologias, discursos, educação, religião e outras instituições sociais e a dinâmica social interagem na construção das sociedades atuais – advogam a estreita relação da cultura com as relações sociais e assumem que a etnografia crítica é uma forma de análise cultural e social mediada pelas relações sociais de produção capitalista e de consumo, implicando poder de uns sobre outros e formas opressivas de privilégios e subordinação. O pesquisador crítico não deve elidir de suas análises as inscrições ideológicas e políticas que subjazem aos significados das ações e das ideias que os indivíduos exprimem ou praticam no seu dia a dia (QUANTZ, 1992; CARSPECKEN, 1996; KINCHELOE & McLAREN, 2000).

5 Questões emergentes

A etnografia compõe, hoje, um amplo campo de estudos e questões teórico-metodológicas, em diferentes disciplinas científicas, mantendo algumas características básicas pelas quais é, muitas vezes, definida: observação ou pesquisa participante (WILSON, 1997; EZPELETA & ROCKWEL, 1989), estudo de campo (BODGAN & BIRKLEN, 1994; BEAU & WEBER, 1998), microestudo de pequenos grupos relativamente homogêneos e geograficamente delimitados (GOETZ & LeCOMPTE, 1984), descrição interpretativa da cultura (WOLCOTT, 1982).

Há, atualmente, uma viva discussão sobre a textualidade etnográfica. Além dos estilos presuntivamente messiânicos das etnografias do início do século e o viés colonialista de antropólogos de centros dominantes da cultura, discute-se também o estilo, a linguagem (MARCUS & FISHER, 1986); (TYLER, 1987) e os fundamentos interpretativos dos significados culturais

(GEERTS, 1989), reconhecendo alguns uma variedade de estilos, gêneros literários, de linguagens de um texto etnográfico (TEDLOCK, 2000).

Pode-se, assim, encontrar indicações diversas para se organizar uma pesquisa etnográfica que parta de uma definição e delimitação de um projeto de pesquisa, da coleta de informações e as diferentes estratégias de recolha, de análise e interpretação das informações colhidas e da construção do texto (CARSPECKEN & APPLE, 1992; LeCOMPTE & PREISSLE, 1993; ANDRÉ, 1995; BEAU & WEBER, 1998).

Outros indicam os critérios de uma boa etnografia (SPINDLER & SPINDLER, 1992) e discutem a arte de interpretar (DENZIN, 2000) de diferentes modos de apresentar – clássico, modernista, pós-modernistas; diferentes gêneros estilísticos como autoetnografia, relatos de viagem, novelas, romance, poemas etc. (ELLIS & BOCHNER, 2000; TEDLOCK, 2000; CLIFFORD & MARCUS, 1986; ROMAN, 1992; RICHARDSON, 2000).

Pode-se reunir diversas indicações para se organizar uma pesquisa etnográfica que parta da definição e delimitação de um projeto de pesquisa, da coleta de informações e adote as diferentes estratégias de recolha, de análise e interpretação das informações colhidas e defina o estilo da construção do texto (CARSPECKEN & APPLE, 1992; LeCOMPTE & PREISSLE, 1993; ANDRÉ, 1995; BEAU & WEBER, 1998). A etnografia tem algumas características que, sinteticamente, podem ser resumidas a partir dos objetos de estudo, do envolvimento do pesquisador, da forma como coleta e interpreta as informações e do estilo de apresentação do texto conclusivo da pesquisa.

6 Características

• **A etnografia** caracteriza-se pela descrição ou reconstrução de mundos culturais originais de pequenos grupos, para fazer um registro detalhado de fenômenos singulares, a fim de recriar as crenças, descrever práticas e artefatos, revelar comportamentos, interpretar os significados e as ocorrências nas interações sociais entre os membros do grupo em estudo.

• **O pesquisador** permanece em campo envolvido, durante um período durável, na vida cotidiana dos membros de uma comunidade ou grupos homogêneos, geograficamente determinados, partilhando de suas práticas, hábitos, rituais e concepções, sem pré-julgamentos ou preconceitos pessoais para compreender a cultura dos grupos. Este contato próximo habilita o pesquisador para alcançar um conhecimento íntimo e amplo do grupo, apreendendo não só o que ocorre no local, mas também como é visto, construído e usado pelos membros do grupo nas atividades habituais do dia a dia.

O pesquisador introduz-se no grupo, ocupando um lugar usualmente inexistente, ou "acultura-se" ao grupo, participando dele como um membro natural, a fim de colher os significados contextuados, captar a realidade complexa subsistente em particularidades, apreender o ponto de vista dos membros, tendo presente todos os aspectos éticos que as revelações e confidências dos investigados implicam.

As etnografias, pela sua natureza, privilegiam *micro*estudos de unidade, ou atividades de grupos bem delimitados, que são mais compossíveis que *macro*grupos com multiplicidade de interações. Guiado pelas observações perspicazes, o pesquisador elege quais dados são mais significativos para compreender os padrões de conduta e os processos sociais que interpreta.

Em campo, as hipóteses e os problemas presuntivos, que motivam a investigação, são testados e refinados, emergindo tanto o texto inicial quanto a teoria elucidativa do contato direto e das observações reiteradas com o local e os sujeitos da pesquisa.

• **A coleta de dados** em etnografia utiliza uma variedade de estratégias e diversidade de técnicas, a partir de observações participantes e contextualizadas e de anotações feitas em campo, com o objetivo de fazer uma descrição interpretativa do modo de vida, da cultura e da estrutura social do grupo pesquisado. Recorre assim a observação participante, entrevista, história de vida, autobiografias, práticas interacionistas de coleta de dados e quaisquer outros meios de coligir informações sugeridos pelo trabalho de campo gerados por observações atentas. Equipamentos como lápis e papel, gravadores, filmadoras, *laptops*, computadores, bancos de dados etc. são usados para registrar, coligir e sistematizar informações documentais.

• **A descrição detalhadamente refinada,** em um texto etnográfico, procura fazer uma "descrição densa" (GEERTZ, 1989: 73-89), detalhada e extensiva de comportamentos situados, inferida de observações, para construir uma apresentação holística do fenômeno estudado e de seu contexto, descrevendo os comportamentos em seu ambiente natural, extraindo as estruturas reveladoras de significado do fenômeno estudado. Geertz exemplifica a habilidade em descobrir o significado atribuído a uma piscadela marota, densa de significados interacionais reveladores e a piscadela de mero tique nervoso (p. 16).

A perspectiva descritiva toma como referência o ponto de vista dos membros nativos do grupo (*êmica*), ainda que feita com categorias científicas do pesquisador (*ética*); pretende ser *holística*, abarcando uma compreensão global que inclua aspectos históricos, culturais, econômicos, religiosos etc.; *representativa* enquanto procura condensar em um texto o significado colhido em um contexto fluente e mutável, nimbado de manifestações não verbais intransmissíveis ao texto escrito, como emoções cifradas, entonações e ironias invisíveis às quais o pesquisador atribui significado. É uma interpretação *válida e legítima* enquanto o pesquisador procura dar inteligibilidade e validar o processo, a forma de saber e a representação que os sujeitos pesquisados manifestam.

Referências

ALTHEIDE, L.D. & JOHNSON, J.M. (1994). Criteria for assessing interpretative validity in qualitative research. In: DENZIN, N.L. & LINCOLN, Y.S. *Handbook of qualitative research*. Thousand Oaks, CA, p. 485-499.

ANDRÉ, M.E.D.A. (1995). *Etnografia da prática escolar*. Campinas: Papirus.

ATKINSON, P.; DELAMONT, S. & COFFEY, A. (orgs.) (2000). *Handbook of ethnography*. Londres: Sage.

BEAUD, S. & WEBER, F. (1998). *Guide de l'enquête de terrain* – Produire et analyser des donnés ethnographiques. Paris: La Decouverte.

BECKER, H.S.; GEER, B.; HUGHES, E.C. & STRAUSS, A.L. (1961). *Boys in white*: Student culture in medical school. Chicago: Chicago University Press.

BLUMER, H. (1969). *Symbolic interactionism*. Englewood Cliff, NJ.: Prectice Hall.

BOAS, F. (1928). *Anthropology and modern life*. Nova York: Norton.

BODGAN, R. & BIKLEN, S. (1994). *Investigação qualitativa em educação* – Uma introdução à teoria e aos métodos. Porto: Porto Ed.

CARSPECKEN, P.F. (1996). *Critical ethnography in educational research*: A theoretical and practical guide. Nova York: Routledge.

CARSPECKEN, P.F. & APPLE, M. (1992). Critical qualitative research: theory, methodology, and practice. In: LeCOMPTE, M.W.; MILLROY, W.L. & PREISSLE, J. (orgs.) (1992). *Handbook of qualitative research in education*. San Diego, Academic.

CASSEL, J. (1978). *A fieldwork manual for studying desegregated schools*. Washington, DC.: National Institute of Education.

CHAMBERS, E. (2000). Applied ethnography. In: DENZIN, N.L. & LINCOLN, Y.S. *Handbook of qualitative research*. 2. ed. Thousand Oaks, CA, p. 851-869.

CICOUREL, A.V. & KITUSE, J.I. (1963). *The educational decision-makers*. Indianápolis: Bobbs-Merril.

CLIFFORD, J. & MARCUS, G.E. (orgs.) (1986). *Writings cultures*: the poetics and politics of ethnography. Berkeley, CA: University of California Press.

CLOUGH, P.T. (1992). *The end(s) of ethnography: From realism to social criticism*. 2. ed. Nova York: Peter Lang.

COLE, M. & SCRIBNER, S. (1974). *Culture and thought*: A psychological introduction. Nova York: Wiley.

DENZIN, N.K. (2000). The practices and politics of interpretation. In: DENZIN, N.K.; LINCOLN, Y.S. *Handbook of qualitative research*. 2. ed. Thousands Oaks, CA: Sage, p. 897-922.

______ (1997). *Interpretative ethnography*: ethnographic practices for the 21st century. Thousands Oaks, CA: Sage.

EMERSON, R.M.; FRETZ, R.I. & SHAW, L.L. (1995). *Writing ethnographic field notes*. Chicago: University of Chicago Press.

ELLIS, C. & BOCHNER, A.P. (2000). Autoethnograpy, personal narrative, reflexivity. Researcher as subject. In: DENZIN, N.L. & LINCOLN, Y.S. *Handbook of qualitative research*. 2. ed. Thousand Oaks, CA: Sage, p. 733-768.

EZPELETA, J. & ROCKWELL, E. (1989). *Pesquisa participante*. 2. ed. São Paulo: Cortez.

FATTERMAN, D.M. (1998). *Ethnography*: Step by step. 2. ed. Thousand Oaks, CA: Sage.

GARCIA, T.M.F.B. (2001). *Origens e questões da etnografia educacional no Brasil*. Um balanço de teses e dissertações (1981-1998) São Paulo: USP/Faculdade de Educação [Tese de doutorado].

GEERTZ, C. (1998). *O saber local* – Novos ensaios em antropologia interpretativa. Petrópolis: Vozes.

______ (1989). *Interpretação das culturas*. Rio de Janeiro: Livros Técnicos e Científicos.

GOETZ, J.P. & LeCOMPTE, M.D. (1984). *Ethnography*: principles and practice. San Diego, CA: Academic Press.

HAMMERSLEY, M. & ATKINSON, P. (1995). *Ethnography*: principles in practice. 2. ed. Nova York: Routledge.

HEISE, D. (1992). *Ethnography*. 2. ed. Chapel Hill: University of North Carolina Press.

JACKSON, M. (1998). *Minima ethnographica: Intersubjectivity and the anthropological project*. Chicago: University of Chicago Press.

KARABEL, J. & HALSEY, A.H. (orgs.) (1978). *Power and ideology in education*. Nova York: Oxford University Press.

KINCHELOE, J.L. & McLAREN P.L. (2000). Rethinking critical theory and qualitative research. In: DENZIN, N.L. & LINCOLN, Y.S. *Handbook of qualitative research*. Thousand Oaks, CA, p. 279- 313.

______ (1994). Rethinking critical theory and qualitative research. In: DENZIN, N.L. & LINCOLN, Y.S. *Handbook of qualitative research*. Thousand Oaks, CA: Sage, p. 137-157.

LeCOMPTE, M.D.; PREISSLE, J. & TESCH, R. (orgs.) (1993). *Ethnography and qualitative design in educational research*. 2. ed. Nova York: Academic Press.

LeCOMPTE, M.; MILLROY, W. & PREISSLE, J. (orgs.) (1992). *The Handbook of qualitative research in education*. San Diego: Academic Press.

MALINOWSKI, B. (1976). *Argonautas do Pacífico Ocidental*: um relato do empreendimento da aventura dos nativos nos arquipélagos da Nova Guiné Melanésia. São Paulo: Abril (Edição original 1922).

MANNING, P. (1991). Analytic induction. In: PLUMER, K. (org.). *Symbolic interactionism* – Vol. 2: Contemporary issues. Brookfield, VT: Eward Elgar.

MARCUS, G.E. & FISCHER, M.M.J. (1986). *Anthropology as a cultural critique*: An experimental moment of human sciences. Chicago: Chicago University Press.

MEAD, G.H. (1934). *Mind, self and society*. Chicago: Chicago University Press.

PARK, R.E.; BURGESS, E.W. & McKENZIE, R.D. (orgs.) (1925). *The city*. Chicago: Chicago University Press.

QUANTZ, R.A. On critical ethnography – With post-modern considerations. In: LeCOMPTE, M.; MILLROY, W. & PREISSLE, J. (orgs.) (1992). *The Handbook of qualitative research in education*. San Diego: Academic Press, p. 447-505.

RADCLIFFE-BROWN, A.R. (1973). *Estrutura e função na sociedade primitiva*. Petrópolis: Vozes.

RICHARDSON, L. (2000). Writing. A methodology of inquiry. In: DENZIN, N.L. & LINCOLN, Y.S. *Handbook of qualitative research*. 2. ed. Thousand Oaks, CA: Sage, p. 923-948.

ROMAN, L.G. (1902). The political significance of other way of narrating ethnography: A feminist materialist approach. In: LeCOMPTE, M.; MILLROY, W. & PREISSLE, J. (orgs.) (1992). *The Handbook of qualitative research in education*. San Diego: Academic Press, p. 555-594.

ROSALDO, R. (1989). *Culture and truth*: the remaking of social analysis. Boston: Beacon.

SPINDLER, G.D. (1982). *Doing the ethnography of schooling*: Educational anthropology in action. Nova York: Holt/Rinehart/Winston.

______ (1974). *Education and cultural process*: Toward an anthropology of education. Nova York: Holt/ Rinehart/Winston.

______ (1970). *Being an anthropologist*: Fieldwork in eleven cultures. Nova York: Holt/Rinehart/Winston.

SPINDLER, G.D. & SPINDLER, L. (orgs.) (1992). Cultural process and ethnography: An anthropological perspective. In: LeCOMPTE, M.; MILLROY, W. & PREISSLE, J. (orgs.) (1992). *The Handbook of qualitative research in education*. San Diego: Academic Press, p. 447-505.

______ (1987). *Interpretative ethnography education at home and abroad*. Hillasdale, NJ: Lawrence Erlebaum Associates.

SPRADLEY, J.P. (1979). *The ethnographic interview*. Nova York: Holt/Rinehart/Winston.

SPRADLEY, J.P. & McCURDY, D.W. (orgs.) (1972). *The cultural experience*: Ethnography in complex society. Chicago: Science Research Associates.

TAFT, R. (1988). Ethnography research method. In: KEEVES, J. (org.). *Educational research, methodology and measurement*. An International Handbook. Nova York: Pergamon Press, p. 59-63.

TEDLOCK, B. (2000). Ethnography and ethnographic representation. In: DENZIN, N.L. & LINCOLN, Y.S. *Handbook of qualitative research*. 2. ed. Thousand Oaks, CA: Sage, p. 485-499.

THOMAS, J. (1993). *Doing critical ethnography*. Newbury Park, CA: Sage.

THOMAS, W.I. & ZNANIECKI, F. (1927). *The polish peasant in Europe and America*. Nova York: Knopf.

TYLER, S.A. (1987). *The unspeakable*: discourse, dialogue, and rethoric in postmodern world. Madison: University of Wisconsin Press.

WEBB, B. (1926). *My apprenticeship*. Nova York: Longmans.

WILCOX, K. (1982). Ethnography as a methodology and its application to the study of schooling: a review. In: SPINDEL, G. *Doing the ethnography of schooling*. Nova York: Holt/Rinehart/Winston.

WILSON, L.C. (1977). "The use of ethnographic technique in educational research". *Review of Educational Research*, 47, p. 245-265.

WIRTH, L. (1956). *The ghetto*. Chicago: Chicago University Press (1. ed., 1928).

WOLCOTT, H.F. (1995). *Transforming qualitative data*: description, analysis and interpretation. Thousand Oaks, CA: Sage.

______ (1987). On ethnography intent. In: SPINDLER, G. & SPINDLER, L. (orgs.). *Interpretative ethnography of education*: At home and abroad. Hillsdale, NJ: Lawrence Erlbaum, p. 37-57.

______ (1975). *Ethnographic approaches to research in education*: a bibliography on method. Anthropology curriculum project publication, n. 75s. Athens: University of Georgia.

WHYTE, W.F. (1943). *Street corner society*: The social structure of an italian slum. Chicago: University of Chicago Press.

YOUNG, M.F.D. (org.) (1971). *Knowledge and control*: New directions for the sociology of education. Londres: Collier-MacMillan.

2 - Pesquisas ativas

As pesquisas ativas estão reunidas sob dois títulos: a) pesquisa-ação e pesquisa intervenção; e b) pesquisa participativa.

As pesquisas, aqui denominadas ativas, abrigam um amplo espectro de orientações epistemológicas e práticas de pesquisa que derivam de diferentes concepções, pressupostos, origens e usos distintos na América, Europa, Austrália e Ásia, tendo como interesse comum a clarificação de fatos com a finalidade de orientar a ação em uma situação concreta, mantendo alguns elementos comuns, tais como:

- crítica ao modelo convencional que privilegia meras descrições explanativas, ainda que calcadas em sofisticados fundamentos descritivos, mensurativos ou analíticos;
- objetivo comum expresso no interesse manifesto de aprofundar o conhecimento compreensivo de um problema a fim de orientar a ação de quem procura soluções para este problema;
- inclusão dos sujeitos pesquisados na recolha e análise de informações e na proposição das ações saneadoras dos problemas estudados;
- uso de técnicas e recursos que favoreçam o desenvolvimento consequente da ação que objetiva superar o problema enfrentado.

As pesquisas ativas, de modo geral, visam auxiliar a promoção de algum tipo de mudança desejada; pressupõem uma tomada de consciência, tanto dos investigados como dos investigadores dos problemas próprios e dos fatos que os determinam para estabelecer os objetivos e as condições da pesquisa, formulando os meios de superá-los.

Para isso, é necessário para caracterizar o problema, analisar as condições existentes, organizar processos, propor ações que tornem viáveis uma ação consequente e eficaz e, finalmente, avaliar de modo realista os resultados dos esforços feitos no sentido de solucionar as situações problemáticas e garantir a mudança possível.

Não existe um modelo único de pesquisa, pois é indispensável ter presente as características específicas do problema sobre o qual se pretende intervir, o contexto no qual o problema se situa, os constrangimentos e as limitações com as quais os pesquisadores se confrontam, as opiniões ou posições sociopolíticas que professam, o tempo de duração da pesquisa e o nível esperado de participação possível de todos os envolvidos na pesquisa.

As pesquisas ativas abrangem algumas formas históricas de pesquisa com uma gama diferenciada de tipos de pesquisa com amplitude e objetivos específicos: pesquisa participante ou participativa (LE BOTERF, 1981; FALS BORDA & RAHMAN, 1991; FREIRE, 1988; KEMMIS & McTAGGART, 2000), que denota a inclusão dos envolvidos na pesquisa e, usualmente, é o termo preferido para contrapor-se ao modelo lewiniano e aos seus pressupostos histórico-ideológicos. Pode aparecer sob outras diferentes denominações, tais como investigação cooperativa (REASON & BRADBURY, 2000), pesquisa cooperativa (HERON, 1996), pesquisa-ação implicada (HUGON & SEIBEL, 1988), colaborativa (SCHENSUL & SCHENSUL, 1992; BRAY et al., 2000), pesquisa apreciativa (COOPERRIDER et al., 2000), dialógica (WELLS, 1999), emancipatória, interativa, endógena; títulos que realçam os aspectos de partilha entre pesquisadores e pesquisados em diversos passos da pesquisa, que "aprendem, fazendo" seja na simples recolha de dados, seja na delimitação e formulação do problema ou nos resultados da investigação.

Em geral, está subjacente à proposição de uma ação que os participantes desejam executar para mudar algum aspecto da realidade. Podem distinguir-se da pesquisa-ação participante ou pesquisa intervenção, enquanto estas explicitam no título o objetivo manifesto de propor uma prática consistente de atuar em uma realidade concreta, mediante ações coerentes, para gerar uma nova realidade social.

Para a exposição didática, as pesquisas ativas estão sintetizadas em dois subtítulos: pesquisa-ação e pesquisa participativa. Embora tenham uma raiz comum, representam propostas que, pelos objetivos últimos, guardam significativas diferenças científicas e sociopolíticas.

BRAY, J.N. et al. (2000). *Collaborative inquiry in practice*: Action, reflection, and making meaning. Thousand Oaks, CA: Sage.

COOPERRIDER, D.L. et al. (2000). *Appreciative inquiry*: Rethinking human organization toward a positive theory of change. Campaign, ILL: Stipes.

FALS BORDA, O. & RAHMAN, M.A. (orgs.) (1991). *Action and knowledge*: Braking the monopoly with participatory action-research. Nova York: Apex.

FREIRE, P. (1988). Creating alternative research methods: Learning to do it by doing it. In: KEMMIS, S. & McTAGGART, R. (orgs.). *Action research reader*. 3. ed. Geelong, Victoria, Australia: Deakin University Press, p. 291-313.

HERON, J. (1996). *Co-operative inquiry*: research into the human condition. Londres: Sage.

HUGON, M.-A. & SEIBEL, C. (orgs.) (1988). *Recherches impliqués, recherches action*: le cas de l'éducation. Bruxelas: De Boek.

KEMMIS, S. & McTAGGART, R. (orgs.) (2000). *The action research planner*. 3. ed. Geelong, Victoria, Australia: Deakin University Press.

LE BOTERF, G. (1981). *L'enquête participation en question*. Paris: Théories et Pratiques de l'éducation permanente.

REASON, P. & BRADBURY, H. (orgs.) (2000). *Handbook of action research participative inquiry and practice*. Thousand Oaks, CA: Sage.

SCHENSUL, J.J. & SCHENSUL, S.L. (1992). Collaborative research: method of inquiry for social change. In: LeCOMPTE, M.D.; MILLROY, W.L. & PREISSLE, J. *The handbook of the research in education*. Nova York: Academic Press, p. 161-200.

WELLS, G. (1999). *Dialogic inquiry*: towards a socio-cultural practice and theory of education. Nova York: Cambridge University Press.

2.1 Pesquisa-ação e pesquisa-intervenção

1 Conceito

A pesquisa-ação seguiu diversas orientações derivadas de suas origens norte-americanas, europeias e de países em desenvolvimento, que a tomaram como um meio auxiliar de superação das condições adversas, todas visando fazerem um diagnóstico fundamentado dos fatos para se alcançar uma mudança intencional no comportamento dos indivíduos ou de uma fração da população e propor a ação saneadora ao problema enfrentado. O propósito predominantemente psicossociológico e terapêutico de sua origem ampliou-se, a partir dos anos de 1970, para muitos domínios das ciências sociais e ganhou contornos e relevância novos.

Nessa evolução, sofreu modificações nos seus pressupostos, práticas de pesquisa e objetivos que se refletiram nas designações correlatas que a pesquisa-ação recebeu na Europa, América e Austrália, onde se desenvolveu: pesquisa-ação participativa (KEMMIS & McTAGGART, 2000), intervenção psicossociológica (DUBOST, 1987), mudança planificada, desenvolvimento organizacional, análise social, interativa. Sua atualidade, orientações e práticas podem ser apreciadas em Reason e Bradbury (2000).

Os dois termos podem sugerir um sincretismo ambíguo. Alguns pesquisadores procuram dissipar equívocos, distinguindo uma pesquisa sobre a ação quando se trata de estudá-la para compreendê-la e explicar os seus efeitos, sem prever qualquer ação; pesquisa para a ação quando se visa esclarecer uma situação problema e propiciar aos agentes os meios de superá-la e pesquisa em ação quando implica a cooperação dos agentes no diagnóstico da situação e se constrói a proposição adequada da ação (GOYETE & LESSARD-HÉBERT, 1987: 26; DUBOST, 1987: 71); outros preferem tipologizar a pesquisa-ação em educação (MAcKERNAN, 1996) técnico-científica, que visa um conhecimento situacional de um problema no seu contexto natural e busca os meios disponíveis para realizá-lo, tal como preconizam Lewin (1947a; 1947b), Taba & Noel (1957). Prático-deliberativa que objetiva compreender uma situação prática e dar solução imediata ao problema, de que são exemplos Stenhouse (1967; 1975), Elliot (1978; 1991a) e crítico-emancipatória que busca, além dos significados da prática educacional, organizar a ação para superar os problemas, como referem Kemmis e McTaggart (1982), Kemmis (1988a; 1988b; 2000).

2 Kurt Lewin e a pesquisa-ação

Alguns reportam as origens da pesquisa-ação a uma confluência de tendências coesas no pós-guerra, visando uma intervenção terapêutica psicossociológica como a *Clinic* e, depois, *Tavistock Institute of Human Relations*, em Londres, ou o asilo de Saint-Alban, na França (LIU, 1997) ou, ainda, à sociometria de Moreno (GRAWITZ, 1986, DUBOST, 1987). Outros fazem remontar a pesquisa-ação ao progressismo de Dewey (MAcKERNAN, 1996) ou, até mesmo, aos reformistas sociais do século XIX (PAGÈS, 1969).

Atribui-se a paternidade da pesquisa-ação a Kurt Lewin, um imigrante foragido do nazismo e naturalizado norte-americano, interessado no estudo da dinâmica social e convencido da necessidade de a ciência tanto auxiliar na solução de conflitos, quanto esclarecer os indivíduos sobre uma situação dada e, para isso, propor uma ação consequente e eficaz para o problema enfrentado.

Lewin apoia-se nos princípios da pesquisa experimental com práticas de intervenção terapêutica de inspiração psiquiátrica e conceitos de globalidade e relação dinâmica da psicologia gestáltica, segundo a qual um objeto deve ser apreendido na relação que mantém com outros objetos circunstantes, tendo como ideia-matriz a transformação do objeto estudado mediante a produção de um conhecimento (pesquisa) que regule o que fazer (ação). O pesquisador é um "experimentador" de campo que precisa modificar a realidade social para conhecê-la efetivamente e promover a mudança desejada.

Na exposição de Lewin (1947), a pesquisa-ação pressupõe diversas fases espirais. Inicia-se com o planejamento ou projeto a partir da ideia global de uma situação problema ou de um objetivo desejável que se quer alcançar. A delimitação do objetivo e o meio de alcançá-lo nem sempre são muito claros; é necessário, pois, examiná-los à luz dos meios disponíveis e buscar maiores informações sobre o problema que se quer resolver ou sobre o objetivo que se pretende atingir, para se chegar à identificação ou descoberta do fato quando, então, define-se a natureza do problema e as finalidades da ação, a fim de que o agir tenha uma base objetiva e eficaz e os agentes obtenham resultados satisfatórios. Essa fase servirá para modificar o plano global de como será resolvido o problema e planejar adequadamente o primeiro passo da ação.

No passo ulterior, a ação é implementada e monitorada, avaliando-se a sua execução e verificando-se os resultados da ação, para, em seguida, tomar uma decisão racional sobre uma nova modificação, e estabelecer o planejamento e a execução de nova ação, seguida da avaliação dos resultados alcançados.

A pesquisa é, deste modo, um contínuo de planejamento, identificação do problema, execução e avaliação da ação e, nas palavras dos herdeiros da tradição lewiniana, uma sequência espiral reiterada de análise, pesquisa de fatos, conceituação, elaboração de planos de ação, realização desses planos, seguida de avaliação, pesquisa de fatos novos e repetição do ciclo espiral de atividades (SANFORD, 1970).

A pesquisa-ação não é obra isolada de Lewin e seus discípulos, reunidos em torno do *Research Center for Group Dynamics*, em Massachusetts e, depois, em Michigan, interessados em mostrar que os indivíduos, quando em grupo, não atentam para o próprio agir nem para as atrações e reações que provocam; só uma comunicação dinâmica pode remover obstáculos e substituir práticas cristalizadas por um novo tipo de agir.

Pode-se acrescentar, também, a contribuição de Moreno, psiquiatra romeno que emigrou para os Estados Unidos em 1925, onde se tornou conhecido como criador do teatro da espontaneidade, no qual o jogo de papéis tem importante função terapêutica individual, no psicodrama, ou valor terapêutico relacional, no sociodrama, permitindo, assim, construir um sistema que combina a qualidade – a espontaneidade e criatividade, com a quantidade – frequência interacional constante, por meio de uma sociometria – a quantificação das interações sociais para analisar as atrações e repulsas entre os membros de um grupo e produzir um novo relacionamento pela liberação da espontaneidade criadora dos participantes.

3 O Tavistok Institute *e a contribuição psicanalítica britânica*

A pesquisa-ação desenvolve-se durante a Segunda Guerra Mundial, no *Tavistock Clinic* de Londres, onde psiquiatras procuraram auxiliar individualmente os ex-combatentes (REES, 1945) e, premidos pela demanda desse trabalho terapêutico, estendem esse serviço a pequenos grupos de clientes (BION, 1961).

Estes trabalhos originaram o *Tavistock Institute of Human Relations*, consolidando a pesquisa-ação como uma forma psicanalítica de colaboração de terapeutas que analisam e clarificam os fatos que tornaram difícil uma situação. Depois de identificadas as causas dessa situação, dão autonomia aos interessados para inventar as soluções que os façam safarem-se delas por si mesmos. O Instituto, sob direção de Eric Trist, utilizou inicialmente a pesquisa na repatriação de prisioneiros alemães e seus discípulos, ampliaram o uso para mudanças sistemáticas em problemas multiorganizacionais.

O *Tavistok Institute* favorecerá uma expansão aberta de teorias, métodos e meios de pesquisa-ação na Europa, propiciando as vias para intervenções psicossociológicas e sociológicas em agrupamentos humanos mais amplos como hospital (REVANS, 1962), escola de doentes mentais (RAPOPORT, 1967), empresa (MILLER & RICE, 1967). No Reino Unido, o *Institute* é a base inspiradora dos trabalhos de Elliot (1990; 1991), na Universidade de East Anglia que, com Adelman, conduziram o *Ford Teaching Project* (1973; 1976) e inspiração dos trabalhos de Kemmins, na Austrália.

Suscitou, também, muitos trabalhos que ainda perduram na Europa, adaptados às condições culturais e situacionais de cada país ou grupo de pesquisadores, cada qual especificando suas orientações teóricas ou rupturas técnicas, adotando denominações novas, como: mudança planejada, planejamento de mudança, desenvolvimento ou mudança organizacional, análise institucional, socioanálise, intervenção psicossociológica, socioterapia e outros termos correlatos; todos, porém, calcados na participação e interessados em algum tipo de mudança, delineando, para isso, as estratégias mais adequadas de ação.

4 Outras contribuições

Na França, o *Institute* inspirará a análise institucional (ARDOINO et al., 1980) um movimento que abrange uma gama de correntes em evolução tais como: psicoterapia institucional, análise social, socioanálise, pedagogia institucional e sociopsicanálise que objetivam o estudo de uma instituição, estabelecimento ou organização nas suas atividades cotidianas, analisando seus aspectos instituídos – normas, valores estabelecidos e aspectos instituintes – desejos e necessidades que condicionam tanto a ação quanto as interações entre os indivíduos e desequilibram o que está instituído (LIU, 1997: 35).

É um método de tomada de consciência pelos próprios interessados das normas instituídas e das forças instituintes que condicionam a instituição ou, como explicita Barbier (1985): é uma tomada de consciência permanente pelo meio, de seus próprios problemas em vista de sua autonomização responsável. Consiste, na verdade, uma prática concreta de análise sociológica destinada aos grupos de ação que querem cada vez mais elucidar o sentido de suas práticas sociais para se apropriar do conjunto de suas contradições incontornáveis.

Dubost (1987) designa como intervenção psicossociológica, entendendo o conceito de intervenção sem a conotação de socorro, ingerência intrusa, ou coerção que o étimo pode conter, mas em razão de um terceiro que vem entre dois elementos: "um trabalho de colaboração entre um conjunto concreto de fenômenos de natureza psicossociológica e sociológica que se toma como problema e um interventor profissional, individual ou coletivo, escolhido como consultor por este conjunto" (p. 180), propiciando três tipos de intervenção: decisionais quando visam o estudo e resolução dos aspectos operatórios orientados para tomada de decisão; analíticos, visam-se elucidar o sentido da ação e demonstrativos, objetivam-se produzir conhecimentos (cf. p. 182).

O termo "intervenção" suporta uma denotação pejorativa, no Brasil, em virtude do autoritarismo do golpe militar de 64, similar à rejeição francesa ao termo colaborativo, em virtude, aí, do colaboracionismo ao nazismo, durante a Segunda Guerra Mundial. A pesquisa intervenção educativa tem relevância central no Centro de Pesquisa sobre Intervenção Educativa (Crie) na Universidade de Sherbrooke, Canadá (LENOIR et al., 2002; COUTURIER, 2002).

A pesquisa-ação fundamenta o movimento Democracia Industrial, na Noruega (EMERY & THORSRUD, 1976), um programa de pesquisa de longa duração, desenvolvido a partir dos anos de 1960, com a finalidade de modificar a política industrial da Noruega. Em 1962, o Instituto de Pesquisa Social de Trondheim empreendeu uma pesquisa para avaliar as condições de participação dos operários nos níveis de direção das empresas. Os resultados produziram uma expansão de pesquisas similares na indústria, serviços e escolas não só na Noruega, mas também na Suécia.

Pode-se identificar, dentre outros, diversos tipos de pesquisa-ação (O'BRIEN, 1998):

- A *Action Science* (ARGYRIS; PUTNAN & MacCLAIN, 1985) que visa analisar as "teorias em uso" cujos princípios e variáveis aprisionam os indivíduos em comportamentos e atitudes defensivas, impedem-nos de afrontar as exigências das mudanças e acabam paralisando qualquer ação nova. A intervenção torna-se indispensável para identificar as teorias em uso, contrapô-las e modificá-las para, finalmente, avaliar os efeitos das mudanças dos comportamentos dos participantes.

- Pesquisa-ação tradicional: originária dos trabalhos de Lewin que incorporaram os conceitos e práticas da Teoria de campo, Dinâmica de grupo, T-Grupos e modelo clínico. Seu desenvolvimento levou à aplicação da pesquisa-ação para campos, como Desenvolvimento da organização, Qualidade de vida do trabalho, democracia organizacional.
- Pesquisa-ação contextual: derivada dos trabalhos de Trist sobre as organizações, enquanto procura reconstituir as relações estruturais entre os atores em um meio social.
- Pesquisa-ação educacional: apoiada nas ideias de Dewey que propunha o envolvimento dos educadores profissionais na solução dos problemas das instituições escolares.
- Pesquisa-ação radical: apoiada no marxismo, especialmente em Gramsci, cujo foco é a emancipação e a superação do constrangimento do poder; advoga um processo de transformação, especialmente das condições de grupos periféricos da sociedade.

5 A pesquisa-ação como alternativa à pesquisa convencional

A pesquisa-ação ingressa, em ciências sociais, nos anos de 1970, no bojo da crítica ao conhecimento e à ação, denunciando tanto o caráter ideológico da pesquisa, oculto sob o mote da neutralidade e objetividade científicas, quanto o alcance político da concepção convencional de pesquisa, na garantia prevalente do prestígio de indivíduos ou instituições, prestando-se à manutenção de privilégios. Ingressa nos foros das ciências sociais como um novo paradigma que reformula o conceito de mudança e que contesta os fundamentos da pesquisa tradicional. Na América Latina, expandiu-se a partir dos anos de 1970 graças à difusão das teorias críticas que fundamentaram a recusa aos modelos formais de pesquisa e o suporte que essas pesquisas deram aos regimes políticos autoritários.

Alguns pesquisadores apreciam a pesquisa-ação como uma nova agenda colaborativa entre o pesquisador profissional e os atores sociais na definição dos objetivos, na construção das questões da pesquisa, no aprendizado das habilidades de pesquisa, na definição do conhecimento e dos esforços, na condução da pesquisa, na interpretação dos resultados e na aplicação do que foi aprendido, a fim de produzir uma mudança social positiva.

Esta geração colaborativa de conhecimento e ação pode superar o credo positivista da ciência "pura", sem vínculo com a prática ou as questões sociais, e se tornar um meio de ultrapassar as muralhas que separam a pesquisa acadêmica dos problemas reais da sociedade. Por isso, estes autores preferem o termo investigação cogenerativa (GREENWOOD & LEVIN, 2000) porque é uma:

> 1. Investigação na qual os participantes e pesquisadores cogeram o conhecimento por um processo de comunicação colaborativa no qual todas as contribuições dos participantes são levadas a sério. O significado construído no processo de investigação leva à ação social, ou aquelas reflexões sobre a ação conduzem à construção de novos significados; 2. A pesquisa-ação trata a diversidade de experiências e capacidades dentro do grupo local como uma oportunidade para o enriquecimento do processo de pesquisa-ação; 3. A pesquisa-ação produz resultados válidos de pesquisa; 4. A pesquisa-ação está centrada no contexto e objetiva resolver problemas da vida real no seu contexto (p. 96).

6 Metodologia da pesquisa-ação

A realização da pesquisa-ação está sujeita aos pressupostos e objetivos assumidos pela pesquisa. A realização em organizações complexas e grandes empresas supõe um percurso longo que analise, na fase inicial, as condições de exequibilidade, as negociações prévias até um plano provisório de pesquisa; na fase de execução, ela exige a definição clara do que quer resolver, a gestão da participação, recolha dos dados, proposição da solução, execução e avaliação da ação e, na fase final, o acompanhamento durável das ações propostas para que a pesquisa não se esgote nas conclusões formais de um texto.

Liu (1997) expõe uma descrição circunstanciada das fases da pesquisa-ação e as reflexões que este tipo de pesquisa provoca em grandes corporações. Carr e Kemmins (1983), Kemmins e McTaggart (1988), Elliot (1973), Barbier (2002) apresentam modelos próprios de pesquisa-ação em educação. Todos, com especificações próprias, podem ser condensados em algumas fases da pesquisa:

1) Fase da definição do problema: pressupõe a determinação da instituição que se quer estudar ou do problema que se quer resolver. Para isso, pode ser necessário buscar informações preliminares disponíveis, para auxiliar na circunscrição clara do problema que requer solução.

2) Formulação do problema: a formulação do problema pressupõe que, tendo definido e formulado claramente o problema que se quer resolver, é necessário coletar e analisar as informações, documentais ou orais, necessárias para se definir quais as melhores ações possíveis para a solução desse problema e eleger a mais adequada para ser experimentada.

3) A implementação da ação: a implementação da ação supõe um plano de execução, com especificação dos objetivos, das pessoas, lugares, tempo e meios. O plano deve auxiliar nas negociações prévias com todos os envolvidos para que tenham clareza do que se quer e para posterior avaliação dos resultados alcançados.

4) Execução da ação: a execução da ação é acompanhada em todos os seus aspectos, desde sua apresentação até os resultados obtidos para que sejam relatados e os envolvidos possam avaliar a adequação e as insuficiências da ação realizada e, depois, essas insuficiências possam ser discutidas, analisadas e, finalmente, os aspectos que apresentarem resultados inadequados serem corrigidos.

5) Avaliação da ação: a avaliação dos resultados da ação implementada deve provocar a redefinição do problema e a revisão do plano, se necessário, e produzir a proposição de um novo plano para uma ação ulterior que deverá ser objeto de nova análise e avaliação dos resultados.

6) Continuidade da ação: o relatório dos planos executados e dos resultados obtidos devem auxiliar a discussão partilhada dos impasses encontrados e das soluções dadas, para que os interessados ampliem a compreensão da situação problemática e das condições que a envolvem, mantenham consenso sobre os encaminhamentos da pesquisa de modo que se sintam solidários com as ações escolhidas, implementadas e com os resultados e as consequências delas.

Referências

ANGWIN, J. (1998). *The essence of action research*. Geelong: Deakin Centre for Education and Change/ Deakin University.

ARDOINO, J. et al. (1980). *L'intervention institucionelle*. Paris: Payot.

ARGYRIS, C.; PUTNAN, R. & MAcCLAIN, S.D. (1985). *Action Science*: concepts, methods and skills for research and intervention. San Francisco: Jossey-Bass.

BARBIER, R. (2002). *A pesquisa ação*. Tradução de Lucie Didio. Brasília: Plano.

______ (1993). *Elaboração de projetos de ação e planificação*. Porto: Porto Ed.

______ (1985). *Pesquisa-ação na instituição educativa*. Rio de Janeiro: Zahar [Tradução de Estela dos Santos Abreu].

BION, W.R. (1961). *Experiences in groups*. Londres: Tavistock Institut.

BWY, C.; ELLIOT, J.; SOMEKH, B. & WINTER, R. (org.) (2002). *Theory and practice in action research*: some international perspectives. Wallingford: Symposium Books.

BOOG, G.; COENEN, H. & KEUNE, L. (orgs.) (2001). *Action research empowerment and reflexion*. Oisterwijk, Netherlands: Deutch University Press.

CARR, W. & KEMMINS, D. (1983). *Becoming critical* – Knowing through action research. Greelong, Victoria, Australia: Deakin University Press.

COUTURIER, Y. (2002). "Sens et usages de la notion d'intervention: l'éclairage du travail social et des sciences infirmières pour l'élaboration d'un concept d'intervention sociologique". *Esprit critique*, 4, p. 4 (Revista eletrônica disponível em http://www.espritcritique.org).

DUBOST, J. (1987). *L'Intervention psycho-sociologique*. Paris: PUF.

ELLIOT, J. (1991). *El cambio educativo desde la investigación acción*. Madri: Morata.

______ (1990). *La investigación acción en educación*. Madri: Morata.

______ (1978). "What is action research in classroom?" *Journal of Curriculum Studies*, 104, p. 355-357.

ELLIOT, J. & ADELMAN, C. (1973a). "Reflecting where the action is: the design of the Ford Teaching Project". *Education for Teaching*, 92, p. 8-20.

______ (1973b). *Innovation at the classroom level*: the Ford Teaching Project. Course CE023. Milton Keynes: Open University Press.

EMERY, E. & THORSRUD, E. (1976). *Democracy at work*. Leiden: Martinus Nijhoff.

FALS BORDA, O. (org.) (1998). *People's participation: Challenges ahead*. Nova York: Apex.

FALS BORDA, O. & RAHAMAN, M.A. (orgs.) (1991). *Action and knowledge*: breaking the monopoly with participatory action-research. Nova York: Apex.

GOYETTE, G. & LESSARD-HÉBERT, M. (1987). *La recherche action; ses functions, ses fondements et son instrumentation*. Québec: Presses de l'Université du Québec.

GRAWITZ, M. (1986). *Méthodes des sciences sociales*. 7. ed, Paris: Dalloz.

GREENWOOD, D.J. & LEVIN, M. (2000). Reconstructing the relationships between universities and society through action research. In: DENZIN, N.K. & LINCOLN, Y.S. (orgs.). *Handbook for qualitative research*. 2. ed. Thousand Oaks, CA: Sage, p. 85-106.

______ (1998). *Introduction to action research*: social research for social change. Thousands Oaks, CA: Sage.

HABERMAS, J. (1971). *Knowledge and human interests*. Boston: Beacon.

HOLLINGSWORTH, S. (org.) (1998). *International action research: a casebook for educational reform*. Londres: Falmer.

HUGON, M.-A. & SEIBEL, C. (orgs.) (1988). *Recherches impliqués, recherches action*: le cas de l'éducation. Bruxelas: De Boeck.

KEMMIS, S. (1988). Action research. In: KEEVES, J.P. (org.). *Educational, research, methodology, and measurement. An international handbook*. Oxford, UK: Pergamon, p. 42-49.

KEMMIS, S. & McTAGGART, R. (orgs.) (2000). Participatory action research. In: DENZIN, N.K. & LINCOLN, Y.S. (orgs.). *Handbook of qualitative research*. 3. ed. Thousand Oaks, CA: Sage, p. 567-605.

______ (orgs.) (1988). *The action research planner*. 3. ed. Greelong, Victoria, Australia: Deakin University Press.

______ (1982). *The action research reader*. Geelong, Victoria, Australia: Deakin University Press.

KLAFKI, W. et al. (1970). *Erziehungswissenchaft*. Frankfurt am Main: Suhrkamp.

LE BOTERF, G. (1981). *L'enquête participation en question*. Paris: Théories et pratiques de l'éducation permanente.

LEITE, L.C. (1988). *Pesquisa-ação*: um método particular de pesquisa educacional? Ideias. São Paulo: Fundação para o Desenvolvimento da Educação/Secretaria Estadual de Educação.

LENOIR, Y. et al. (2002). L'Intervention éducative: clarifications conceptuelles et enjeux sociaux. Pour une reconceptualizations des pratiques d'intervention en enseignement e formation a l'enseignement. *Esprit Critique*, 4 (Revista eletrônica disponível em http://www.espritcritique.org).

LEWIN, K. (1947a). Group decision in social change. In: NEWCOMB, T. & HARTLEY, E. (orgs.). *Reading in social psychology*. Nova York: Henry Holt, p. 330-344.

______ (1947b). "Frontiers in group dynamics: II Channels of group life; social planning and action research". *Human Relations*, II, p. 142-153.

LIU, M. (1997). *Fondements et pratique de la recherche-action*. Paris: Harmattan.

McKERNAN, J. (1996). *Curriculum action research*. 2. ed. Londres: Kogan Page.

McNIFF, J. (2002). *Action research*: principles and practice. 2. ed. Londres: Routledge.

MILLER, E. & RICE, A. (1967). *Systems of organizations*. Londres: Tavistok.

MORENO, J.-L. (1964). *Fondements de la sociométrie*. Paris: PUF.

MOSER, H. (1978). La investigación-acción como nuevo paradigma en las ciencias sociales. In: *Simposio Mundial de Cartagena*. Crítica y política en ciencias sociales: el debate teoría y practica. Bogotá: Punta de Lanza, p. 117-140.

______ (1977). *Methoden der Aktionsforschung*. Munique: Köser.

______ (1975). *Aktionsforschung als kritische Theorie der socialwissenschaften*. Munique: Köser.

MORROW, R.A. & TORRES, C.A. (1997). *Teoria social e educação*. Porto: Afrontamento.

O'BRIEN, R. (1998). *An overview of the methodological approach on action research* (Disponível em http://www.web.net/~robrien/papers/arfinal.html).

PAGÈS, R. (1969). L'expérimentation en sociologie. In: LEMAINE, G. & LEMAINE, J.M. *Psychologie sociale et expérimentation*. Paris: Bordas, p. 103-122.

PYRCH, T. (org.) (1998). "Convergence (Special issue)". *Studies in cultures, organizations and societies*, n. 1.

RAPOPORT, R.N. (1967). *Community as doctor*. Londres: Tavistok.

REASON, P. & BRADBURY, H. (orgs.) (2000). *Handbook of action research* – Participative inquiry and practice. Thousand Oaks, CA: Sage.

REVANS, R. (1962). "Hospital attitudes and communications". *Sociological Review Monograph*, n. 5, p. 117-143.

SANFORD, N. (1970). "Whatever happened to action research?" *Journal of Social Issues*, 26, n. 4.

SIMPÓSIO MUNDIAL DE CARTAGENA (1978). *Critica y política en ciencias sociales*: el debate teoría y practica. Bogotá: Punta de Lanza.

STENHOUSE, L. (1975). *An introduction to curriculum research and development*. Londres: Heinemann.

______ (1967). *Culture and education*. Londres: Nelson.

STRINGER, E. (1999). *Action research*. 2. ed. Thousand Oaks, CA: Sage.

TABA, H. & NOEL, E. (1957). *Action research*: a case study. Washington: Association for Supervision and Curriculum Development, NEA.

THIOLLENT, M.J.M. (1997). *Pesquisa-ação nas organizações*. São Paulo: Atlas, 1997.

______ (1996). *Metodologia da pesquisa-ação*. 7. ed. São Paulo: Cortez.

TOULMIN, S. & GUSTAVSEN, B. (orgs.) (1996). *Beyond theory*: changing organizations through participation. Philadélfia: John Benjamins.

ZUBER-SKERRIT, O. (org.) (1999). *New directions in action research*. Londres: Falmer.

2.2 Pesquisa participativa

1 Conceito

A pesquisa participativa é um conceito elástico, abrigando concepções e práticas de investigação sob diferentes nomes, que partem de premissas similares e relevam diferentes aspectos do processo participativo com a finalidade de orientar a prática.

A pesquisa participativa, pelos seus pressupostos, distingue-se da pesquisa-ação lewiniana, embora tenha nela suas origens. A pesquisa-ação participativa surge como uma forma alternativa, desgarrando-se das formas manipulativas de pesquisa-ação, na qual o conhecimento adquirido pode ser usado para manipular pessoas, sejam os trabalhadores nas corporações ou indústria, seja um grupo em uma comunidade, como ocorreu em alguns programas de melhoria dos recursos humanos e desenvolvimento das relações humanas, nos Estados Unidos e na Europa, inspiradas nos pressupostos da pesquisa-ação de Lewin.

Ainda que os nomes e meios utilizados sejam assemelhados, a pesquisa participante tem como pressuposto, subjacente à sua história, a democratização da produção do conhecimento e da sociedade, e o desenvolvimento da justiça social. Não é um mero conjunto de métodos, meios e técnicas, mas se fundamenta em uma ética e em uma concepção alternativa da produção popular do conhecimento, segundo a qual as pessoas comuns são capazes de compreender e transformar sua realidade. Trata-se de um modelo e de um meio de mudança efetiva para a qual os sujeitos implicados devem elaborar e trabalhar uma estratégia de mudança social.

2 Histórico da pesquisa

A evolução da pesquisa participativa deve-se a um crescente grupo de pesquisadores que, na década de 1960 do século passado, principalmente na América Latina, opuseram-se à dominância dos pressupostos da pesquisa positivista e estruturalista, porque o paradigma convencional foi identificado como parte dos problemas sociais antes que a solução deles, prestando-se muito mais à consolidação dos interesses dominantes de uma elite restrita do que uma contribuição efetiva para resolver os graves conflitos de uma ampla maioria, historicamente alijada dos frutos do trabalho. Esses paradigmas de pesquisa mostraram-se ineptos para a solução dos conflitos e suscitaram uma busca por uma nova relação entre o pesquisador e o pesquisado, uma negociação em torno do objeto da pesquisa, uma outra metodologia de investigação e uma redefinição dos beneficiários da pesquisa.

Na América Latina, a gravidade dos conflitos sociais estaria exigindo um novo padrão de empenho científico. Os dispêndios com a pesquisa deveriam orientar-se por uma ética de solidariedade e não se fincar somente no critério de uma objetividade abstrata que desconsiderasse as possibilidades da ação transformadora das condições sociais tão dramáticas.

Tornou-se imperiosa a busca de formas de pesquisa social que se mostrassem mais adequadas para investigar a densidade das contradições sociais e pudessem, de alguma forma, contribuir para a descoberta das soluções dos conflitos e instruísse a investigação para uma práxis transformadora, como denominou Fals Borda (1978). A pesquisa foi assumida como uma prática social, na qual o conhecimento é produzido pelos sujeitos e em favor deles, e os conhecimentos produzidos objetivam agir em proveito da melhoria das condições de vida de uma sociedade tragicamente cativa do subdesenvolvimento.

• A metodologia da pesquisa participante ganhou reconhecimento no meio das ciências sociais com o simpósio sobre o método patrocinado pela Unesco, a Associação Internacional de Sociologia e outras entidades, no Simpósio Mundial de Cartagena (1978), Colômbia, em 1977, e outros encontros posteriores que se sucederam, organizados pelo Projeto de Pesquisa Participativa do Conselho Internacional para Educação de Adultos (Ontário, Canadá), no Peru (HALL et al., 1981) e no México (SCHUTTER, 1981) e se estendeu a outros domínios geográficos e sociais como uma forma alternativa mais apta de pesquisa para auxiliar no conhecimento da realidade, afrontar as condições sociais adversas, identificar, analisar e subverter as relações sociais de poder e dominação, e instruir uma ação transformadora (MOSER, 1978; FALS BORDA, 1978; 1988).

• O Simpósio Mundial de Cartagena (1978) foi um marco relevante na redefinição e difusão da pesquisa-ação e na politização do conhecimento e da pesquisa quando se afirma que a objetividade não pode desconhecer as condições sócio-históricas reais de exploração onde se dão os objetos de pesquisa, que são determinantes na definição da relevância da investigação e na subordinação do pesquisador às ações intencionais transformadoras dos problemas analisados.

• A pesquisa é a construção de um conhecimento e a revelação do contexto do objeto pesquisado. A apropriação de um conhecimento construído supõe alcançar os meios necessários para operar a mudança nas condições de opressão e submissão e, deste modo, o critério da objetividade não pode desvincular-se da solidariedade na superação das situações injustas; implica uma obra coletiva entre diferentes sujeitos sociais que trabalham tanto a construção do conhecimento quanto a formação participada da consciência, para alcançar a emancipação social ou desenvolver educação política dos envolvidos na pesquisa. Por isso, a pesquisa ressaltará o caráter participativo, denominando-se pesquisa-ação participativa ou participante em oposição ao modelo lewiniano.

No final da década de 1960, os regimes autoritários que se instalaram na América Latina haviam consolidado um aparato repressivo sobre todas as atividades da sociedade. No Brasil, o Ato Institucional n. 5 outorgou um poder discricionário ao executivo e a repressão estendeu-se a todas as atividades culturais, com cassações sistemáticas de pesquisadores.

Nos anos de 1970, com a criação dos cursos de pós-graduação, novas demandas sobre a prática da pesquisa e suas bases teóricas puseram em questão o padrão convencional de pesquisa. Alguns grupos que foram se formando, em oposição ideológica ao regime autoritário, buscaram novos suportes à investigação científica acadêmica ou, ao menos, escapar ao sufocante peso da ideologia oficial. A pesquisa-ação surgia timidamente como uma via de contestação ao paradigma instrumental da pesquisa e, ao mesmo tempo, trazia ao centro da investigação a questão premente da ação, seja no sentido pragmático de Dewey, seja no sentido contestador das teorias críticas.

É notável a ampliação do uso da pesquisa participante em outras regiões. Na Austrália, sob influência de Young (1989; 1992) e apoio na teoria crítica fundamentada em Habermas, a investigação aprofunda a concepção de uma pesquisa emancipatória (KEMMIS & McTAGGART, 1988; 2005). Na Índia, como um processo de superação das condições históricas de divisão social (FERNANDEZ & TANDON, 1981) e em muitos outros campos, como atesta a bibliografia atual sobre o tema (CANCIAN & ARMSTEAD, 1993; JOHNSON, 1994).

Tem crescido nos últimos anos o recurso à pesquisa participante em algumas agências oficiais e em muitas organizações não governamentais, que patrocinam projetos com vários níveis de participação, reconhecendo que muitas iniciativas oportunas e bem-intencionadas fenecem quando ausente o envolvimento da população interessada, ou então, que pesquisas feitas para fundamentar programas e políticas oficiais, sem envolver a participação dos possíveis beneficiados, acabam reproduzindo um autoritarismo discreto, sem efeitos perduráveis.

3 A pesquisa

A pesquisa significa investigar sistematicamente uma situação problemática em uma dada comunidade ou em uma organização, propondo-se aos membros de um grupo participarem, ativamente, com pesquisadores treinados, da definição do problema a ser investigado. Juntos promovem ampla participação no processo de coleta e de análise das informações necessárias para aprofundar o conhecimento desse problema e deliberam, partilhadamente, sobre as ações mais consequentes que levem a uma situação mais justa e satisfatória aos usuários.

A pesquisa é um processo para alcançar uma outra situação, e, ainda que pressuponha momentos distintos entre si, a singularidade de cada momento é parte de um todo, do qual todos são coautores participantes do processo de produção do conhecimento a ser incorporado na ação.

A participação efetiva dos envolvidos na pesquisa não se limita à delegação de tarefas parcelares de um mero conhecimento operante e instrumental, dada por uma elite profissional, aos membros de uma população. Ainda que tenham níveis de formação diferenciados, todos são detentores do conhecimento produzido e controladores do processo da pesquisa.

4 Os pesquisadores

A investigação não é monopólio exclusivo de uma elite de profissionais que define externamente o objeto da pesquisa, coleta as informações que deseja, extrai análises que lhe interessa e redige textos para consumo exclusivo de um seleto grupo de pessoas, beneficiários privilegiados do produto da pesquisa. Os sujeitos da pesquisa deixam de ser objetos, excluídos da reflexão e decisão, alienados do processo de conhecimento que resulta da investigação.

A pesquisa participativa assume que as pessoas, membros de comunidades, detêm conhecimentos e, potencialmente, são capazes de identificar seus problemas, ter consciência de suas necessidades e das condições que os determinam, esclarecer o contexto em que vivem e formular os meios necessários para afrontá-los, desde que auxiliados adequadamente para reunir o conjunto de forças da coletividade.

Libertos de primitivas condições, hábitos ou costumes sociais, trabalhando juntos em grupo com meios adequados de comunicação, conseguem superar uma atitude imediata, feita de rotinas, reconhecer sua atividade prática voltada para a consecução de seus próprios fins e interesses, mesmo que delimitada pelos constrangimentos das relações sociais, ou por forças opositoras, que se esforçam para confundir os objetivos da pesquisa ou demover parcelas dos envolvidos nela.

O pesquisador profissional deve imbuir-se das limitações de seu conhecimento sobre a realidade local, admitir relativa ignorância da realidade, esforçar-se para compreender empaticamente as necessidades, expectativas e sentimentos das pessoas, mas também munir-se de conhecimentos sobre as condições histórico-políticas e socioeconômicas que determinam muito as relações e conflitos entre membros de um grupo ou comunidade local.

O profissional assume o papel de animador do intercâmbio de informações. Não se trata de um papel menor na pesquisa, já que o profissional precisa atuar no sentido educativo, organizando a participação, as condições de discussão e de análise, redigindo ou garantindo o registro adequado da discussão e da decisão que deverão retroalimentar as discussões ulteriores. O trabalho de síntese e o registro das análises e deliberações, que sirvam para reuniões subsequentes, são fundamentais para a elevação dos níveis de conhecimento na ação e supera uma pseudoconcreticidade cotidiana criada pelas relações de dependência e sujeição às estratificações sociais.

O papel fundamental do profissional é garantir a interlocução dos diferentes segmentos sociais e a comunicação permanente de todos os participantes, aparando ruídos de comunicação, manipulações de informações, conflitos de interesses e de personalidades que possam ocorrer, no curso dos debates, assegurando que o processo da pesquisa é a oportunidade de formação na ação de toda a população envolvida. Cabe ao profissional o importante papel para conectar o conhecimento local com o conhecimento científico e gerar um novo conhecimento que contribua diretamente para melhorar uma situação dada.

Pode-se distinguir dois tipos de práticas da pesquisa participante, decorrentes de objetivos, possibilidades efetivas e meios para sua realização: pesquisa para a ação e pesquisa pela ação.

5 Pesquisa para a ação

A pesquisa para a ação visa reunir um grupo ativo de participantes em favor da organização de uma ação coletivamente assumida, com vista à solução de um problema que afeta as condições restritivas de suas vidas ou de uma comunidade.

A pesquisa recorre às formas correntes de investigação por meio de questionários ou entrevistas, sem deixar de reunir as informações sobre a situação concreta do ambiente local: dados históricos e estatísticos, atividades econômicas e sociais, inventário da população e do suporte ou ausência dos meios de trabalho, saúde, transporte etc.

A pesquisa do local onde se dá a investigação deve incluir a história das lutas, os projetos de desenvolvimento e as formas de vida religiosa que afetam as pessoas no presente. Há outros meios de analisar as condições sociais. Além do conhecimento da estrutura social atual, pode ser importante descobrir a história das relações sociais recorrendo às histórias de vida, biografias, memórias etc.

O segundo passo é envolver os membros da comunidade para a pesquisa que queiram partilhar da criação da realidade individual e social que queiram viver. Será preciso, no diálogo com as pessoas, eleger aquelas que tenham condições efetivas de participar no projeto, precavendo-se de não incluir somente aqueles que estão em melhores condições e tendo bem explícitas quais pessoas serão as beneficiárias do projeto, para evitar que os benefícios advindos da pesquisa redundem em proveito dos grupos dominantes ou segmentos sociais privilegiados.

Os dados recolhidos são apresentados em discussões abertas de pequenos grupos para analisar a correção dos dados inventariados. As pessoas comuns conhecem muito das condições econômicas e sociais em que vivem e podem oralmente apresentar elementos muito concretos sobre as urgências e as vicissitudes que sofrem no dia a dia. As discussões abertas sobre problemas recorrentes da vida diária elevam muito a consciência das injustiças e contradições que há no local ou nas relações com outros grupos.

6 Pesquisa na ação

A pesquisa na ação supõe que as atividades sejam experimentos de emancipação social, usadas como estratégias de conscientização e de mudança de uma situação dada por meio da formação de grupos, que dialogam sobre os dados recolhidos e as análises feitas. A pesquisa deve prever o nível de consciência e formação pretendidos, o tempo disponível para alcançar resultados compatíveis com as possibilidades reais da pesquisa.

Supõe um registro cuidadoso do processo e das atividades empreendidas que sumarize e sistematize todos os dados registrados e permitam a avaliação, no diálogo com os participantes, dos sucessos e fracassos, dos problemas e gargalos que ocorreram. As sínteses são apresentadas para a discussão em grupos e as inclusões e correções são feitas por todos, em um processo constante de aprender, fazendo. A elevação do nível de informação é parte não somente da conscientização coletiva e da intensidade do engajamento da comunidade, mas integra o esforço de reunir as forças necessárias aos enfrentamentos que a ação exigir.

7 O conhecimento produzido

A pesquisa participante considera que o conhecimento é um instrumento significante de poder e controle, e a pesquisa é um processo oportuno de formação. Todo processo da pesquisa é concebido como um aprendizado educativo e todas as atividades consideradas como ocasião de ampliação do conhecimento da realidade; o conhecimento dará suporte às decisões e garantirá uma unidade ideológica e ética entre o pensamento e a ação. Os participantes se sentirão compelidos à ação, porque ela se mostra coerentemente indispensável ao conjunto da população.

Em oposição à pesquisa tradicional, na qual o pesquisador gera a ideia para o projeto, define os métodos e interpreta a realidade, considerando que é uma tarefa profissional de especialistas habilitados para conduzir e controlar todas as etapas da pesquisa e redigir, ao final, um texto técnico pessoal de comunicação dos resultados alcançados. Na pesquisa participativa o conhecimento é gerado pelas pessoas da comunidade ou da organização que coletam e analisam as informações, utilizando métodos adequados a sua compreensão, visando promover ações possíveis e factíveis que mudem ou melhorem suas vidas.

O processo democrático de elaboração do conhecimento devolve a eles tanto a autoria do que se descobriu quanto pertence aos participantes a criação do novo conhecimento do qual devem ser, também, os primeiros beneficiários. Há uma unidade indissolúvel entre os participantes da pesquisa, sejam eles iniciantes ou pesquisadores treinados.

8 Disseminação dos resultados

A disseminação do conhecimento é parte relevante da pesquisa participativa, tanto durante seu processo de investigação quanto do resultado final, durante o processo. Urge organizar uma forma de difusão das informações e das ações propostas, para que a maior parte da comunidade partilhe dessas informações e ingresse no processo, engajando-se nas ações ou apoiando ativamente as iniciativas. Sem esse cuidado a pesquisa arruína seus objetivos e pode inviabilizar os resultados esperados, mas, sobretudo, comprometer-se com o que se propõe superar: o confinamento dos resultados a uma grei restrita de interessados.

A publicação de um texto final é desejável para que os participantes reconheçam as possibilidades e a viabilidade de reunirem, consistentemente, as informações que instruam suas ações e se tornem autores de suas próprias vidas, mas a difusão entre os participantes é indispensável para que se vejam construtores ativos de sua história.

Referências

ARGIRYS, C.; PUTMAN, R. & SMITH, M.C. (1985). *Action science*: Concepts, methods, and skills for research and intervention. São Francisco: Jossey-Boss.

BRANDÃO, C.R. (org.) (1985). *Repensando a pesquisa participante*. 2. ed. São Paulo: Brasiliense.

______ (1984). *Repensando a pesquisa participante*. São Paulo: Brasiliense.

______ (org.) (1983). *Pesquisa participante*. 3. ed. São Paulo: Brasiliense.

______ (1981). *Pesquisa participante*. São Paulo: Brasiliense.

CANCIAN, F.M. & ARMSTEAD, C. (1993). "Bibliography on participatory research". *Collaborative inquiry*, 9.

CARR, W. & KEMMIS, S. (1986). *Becoming critical*: Education, knowledge and action research. Londres: Falmer Press.

DEFOER, T.; BUDELMAN, A.; TOULIN, A.C. & CARTER, S.E. (2000). *Building common knowledge*: participatory learning and action research. Netherlands: Royal Tropical Institute.

DEMO, P. (1984). *Pesquisa participante*: mito e realidade. Rio de Janeiro: Senac.

EDWARDS, M. (1989). "The irrelevant of development studies". *Third World Quarterly*, vol. 11, n. 1, p. 117.

EZPELETA, J. & ROCKWELL, E. (1989). *Pesquisa participante*. 2. ed. São Paulo: Cortez.

FALS-BORDA, O. (1988). *Knowledge and people's power*. Nova Deli: Indian Social Institut.

______ (1978). La investigación-acción como nuevo paradigma en las ciencias sociales. In: *Critica y política en ciencias sociales*: El debate, teoría y practica. Bogotá: Punta de Lanza, p. 209-249 [Simpósio Mundial de Cartagena].

FALS-BORDA, O. & RAHAMAN, M.A. (orgs.) (1991). *Action and knowledge*: breaking the monopoly with participatory action research. New York: Intermediate Social Institute.

FERNADEZ, W. & TANDON, R. (orgs.) (1981). *Participatory research and evaluation*: experiments in research as a process of liberation. Nova Deli: Indian Social Institute.

GAJARDO, M. (1986). *Pesquisa participante na América Latina*. São Paulo: Brasiliense.

HALL, B. et al. (orgs.) (1981). *Investigación participativa y praxis rural*: nuevos conceptos en educación y desarrollo comunal. Lima: Mosca Azul.

HALL, B.; GILLETTE, A. & TANDON, R. (orgs.) (1982). *Creating knowledge*: A monopoly? Participatory research in development. Nova Deli: Society for Participatory Research in Asia.

JOHNSON, S. (1994). *Participatory research*: a selected annotated bibliography. Ottawa: International Development Research Centre (Canadá) and Norman Peterson School of International Affairs, Carleton University.

JORGENSEN, D.L. (1989). *Participant observation; a methodology of human studies*. Newbury Park: Sage.

KALLIOLA, S. & NAKARI, R. (eds.) (1999). *Resources for renewal*: a participatory approach to the modernization of municipal organizations in Finland. Amsterdam: Benjamins.

KEMMIS, S. & McTAGGART (orgs.) (2005). Participatory action research. Communicative action and the public sphere. In: DENZIN, N.K & LINCOLN, Y.S. *Handbook of qualitative research*. Thousand Oaks, CA: Sage, p. 559-603.

______ (1988). *The action research reader*. 3. ed. Victoria, Australia: Deakin University Press.

LE BOTERF, G. (1981). *L'enquête participation en question*. Paris: Théories et Pratiques de l'Éducation Permanente.

MacLURE, R. (1990). "The chalenge of participatory research and its implications for funding agencies". *International Journal of Sociology and Social Policy*, vol. 10, n. 3. Patrington: Hull.

McTAGGART, R. (org.) (1997). *Participatory action research*: International contexts and consequences. Albany: Suny.

MOSER, H. (1978). La investigación-acción como nuevo paradigma en las ciencias sociales. In: *Critica y política en ciencias sociales*: El debate, teoría y practica. Bogotá: Punta de Lanza, p. 117-140 [Simpósio Mundial de Cartagena].

PARK, P.; BRYDON-MILLER, M.; HALL, B. & JACKSON, T. (orgs.) (1993). *Voices of change* – Participatory research in the United States and Canada. Toronto: The Ontario Institute for Studies in Education.

REASON, P. (1994). Three approaches to participative inquiry. In: DENZIN, N.K. & LINCOLN, Y.S. *Handbook of qualitative research*. Thousand Oaks, CA: Sage, p. 324-339.

SELENER, D. (1998). *Participatory action research and social change*. 3. ed. Ithaca, NY: Cornell Participatory Action Research Network/Cornell University.

SIMPÓSIO MUNDIAL DE CARTAGENA (1978). *Critica y politica en ciencias sociales*: El debate sobre teoria y prática. Tomo I e II. Bogotá: Punta de Lanza.

SCHUTTER, A. (1981). *Investigación participativa*: una opción metodológica para la educación de adultos. Patzcuaro, México: Cefral.

SILVA, M.O. (1991). *Refletindo a pesquisa participante*. 2. ed. rev. e ampl. São Paulo: Cortez.

SPRADLEY, J.P. (1980). *Participant observation*. Nova York: Holt/Rinehart/Winston.

YOUNG, R.E. (1992). *Critical theory and classroom talk*. Adelaide: Multilingual.

______ (1989). *A critical theory of education*: Habermas and our children's future. Londres: Harvester Wheatsheaf.

3 - História de vida

1 Distinções

História de vida é um relato retrospectivo da experiência pessoal de um indivíduo, oral ou escrito, relativo a fatos e acontecimentos que foram significativos e constitutivos de sua experiência vivida. História de vida pode significar muitas coisas, dependendo dos objetivos ou dos pressupostos teóricos do pesquisador.

Há uma variada gama de termos e significados, cada qual com particularidades teóricas e metodológicas próprias, recobrindo métodos que recorrem à apresentação de vidas concretas, no contexto e na perspectiva de quem as viveu, tomando-as como interpretações autorizadas de fatos e acontecimentos.

As particularidades expressam-se em diferentes termos correlatos, para discriminar diferentes particularidades teórico-metodológicas, tais como autobiografia, biografia, história de vida, relatos de vida, memória, história oral, abordagem biográfica, método biográfico, etnobiografia etc., todas, com suas especificidades, visando descobrir as possibilidades heurísticas das trajetórias de vida pessoais, inseridas em uma realidade histórica e social.

Bertaux (1997) já enunciara a variedade de usos da história de vida por diferentes *disciplinas* como antropologia, história social, psicologia social, psico-história, além da sociologia, educação e de diversas *escolas de pensamento* como o empirismo, o marxismo, a fenomenologia, a hermenêutica, o interacionismo, teoria dos papéis, dramaturgia e outras, focalizando os mais diversos *objetos teóricos* como o vivido, as trajetórias de vida, os modos de vida, as estruturas de produção, a imagem de si, os valores, o conflito de papéis etc.

As histórias de vida são, para o autor, relatos de práticas de relações sociais do tipo "objetivo" ou socioestruturais, quando privilegiam as formas materiais de vida, relações de trabalho e classe etc., ou do tipo "subjetivo" ou sociossimbólicos quando relevam as atitudes, representações e valores individuais que refletem as relações sociais.

Alguns autores distinguem a história de vida (*life history*) dos relatos ou narrativas da vida, empregando neologismo distintivo "estórias de vida" (*life story*), para designar contos livres de um sujeito que narra espontaneamente os acontecimentos vividos (DENZIN, 1989; BERTAUX, 1980). A *história de vida* narra a vida de um indivíduo ou de um grupo, apoiando-se em variadas fontes de informação além do relato do sujeito, como documentos, entrevistas ou quaisquer outras fontes que contenham informações sobre os fatos, o contexto e a própria pessoa. Os *relatos ou "estórias" de vida* designam a história de uma vida contada a outrem, tal qual foi experienciada pela pessoa que a viveu, tomando o seu ponto de vista como referência fundamental, tendo como objetivo obter informações sobre eventos passados, vividos ou testemunhados pela pessoa, e ainda não registrados. Ferrarotti (1983) e Bertaux (1997) preferem usar a designação *abordagem biográfica ou método biográfico.*

As diferentes formas de trabalhar o método biográfico recorrem prevalentemente à entrevista, sem se confundir com ela, e comportam diferentes gêneros.

2 Biografia

Há muitas formas literárias de apresentar a história de uma vida. Cada pessoa idealiza uma forma de descrever sua experiência vivida, visando perpetuar para além de sua morte sua vida ou a vida de personagens históricos. A biografia é a narrativa da vida de uma pessoa, feita por outrem, que, com base em documentos, hipóteses e orientações teóricas, reconstrói a vida do biografado (biografia clássica).

Sua origem pode ser encontrada na Antiguidade com Platão, biografando Sócrates ou Plutarco, traçando a biografia comparativa de 23 gregos e 23 romanos nas *Vidas paralelas*. Momigliano (1991) refere uma tradição mais longínqua à tradição biográfica, o grande incremento ocorre no século XIX e no começo do século XX, antes da Primeira Guerra Mundial, dominada pelos pressupostos da Escola de Chicago – Thomas

& Znaniecki (1927) farão uso da biografia em suas pesquisas – e um renovado interesse nos anos de 1970, com uma substancial renovação conceitual nos anos subsequentes (MILLER, 2005).

É uma prática antiga que evoluiu muito em estilo, forma e gênero literários, abandonando o culto típico das personalidades grandiosas ou de vidas exemplares em favor da escuta sensível de vidas silenciadas, ou vozes inaudíveis em contextos sociais opressivos, tendendo a democratização maior desta forma de literária, sem o viés narcisístico de figuras ilustres.

Trata-se de um gênero literário em franca expansão que se consolida amparado na pesquisa documental e no rigor analítico, tendendo a expor o biografado no contexto socioeconômico e cultural em que viveu.

3 Autobiografia

A autobiografia é uma história da vida escrita pela própria pessoa sobre si mesma, ou registrada por outrem, concomitante com a vida descrita, na qual o narrador esforça-se para exprimir o conteúdo de sua experiência pessoal. O autor seleciona e analisa fatos, experiências, pessoas e estágios relevantes de sua vida, interpretando sua história pessoal, o contexto e as contingências do curso da própria vida, criando um texto no qual tem voz privilegiada, imprime uma tônica subjetiva aos fatos e pessoas, transita entre real e ficcional, inscreve-se, de modo claro ou latente, em uma realidade social e se constrói como uma individualidade histórica.

Na Antiguidade, o gênero tinha o nome de *apologia*, na qual o autor apresentava suas justificativas, como faz Santo Agostinho de Hipona, nas suas *Confissões* (1984), ou apresentava um caráter literário, como nas *Confissões*, de Rousseau.

A autobiografia dá ao autor uma grande autoridade na eleição dos fatos relevantes, seja de autocomplacência com erros ou ocultamentos e distorções explícitas de situações indesejadas e, por isso, contestada por alguns autores como fonte fidedigna para a pesquisa e a investigação. Porém, deve considerar que a subjetividade do autor é uma referência importante para identificar as preferências ideológicas, as concepções e práticas de um grupo social do qual o autor pode ser um representante típico.

É um gênero frequentemente desenvolvido por personalidades que possuem habilidades redacionais e, tendencialmente, reflete as representações de indivíduos de uma camada social. Quando editada, a autobiografia é refinada pelo editor que elimina repetições, exige ampliação de descrições ou realce de episódios atraentes para o público leitor.

A autobiografia é, desse modo, um gênero fluente como são as perspectivas de vida e em grande evolução, assumindo formas cambiantes, heterogêneas e controversas de apresentar experiências vividas. Fundese com ou transmuta-se, muitas vezes, em memória autobiográfica (RUBIN, 1986), novela (BARNET, 1986; SKLODOWSKA, 1996), reminiscência (HAIGHT & WEBSTER, 1995), romance, narrativa de experiência pessoal (DENZIN, 1989), confissão ou relato de experiência vivida (VAN MAANEN, 1990), narrativa evocativa (BOCHNER; ELLIS & TILLMANN-HEALY, 1998), etnografia pessoal (CRAWFORD, 1996), romance ou relato na primeira pessoa (ELLIS & BOCHNER, 1996), diário íntimo (ELLERBY, 2001), crônica, memento, tendo em comum fazer um relato da experiência de vida em uma narrativa na qual o autor explicita sua compreensão de fatos e acontecimentos, evoca suas emoções, expõe suas lembranças e interpreta suas reminiscências, apresentando o autor como espelho de seu tempo e de seu ambiente. Autobiografia tem infindas variações e modalidades de estilo de forma, dependendo da originalidade e criatividade do autobiografado na apresentação de sua história pessoal.

4 Testemunho

Dentre os gêneros autobiográficos recentes, um tipo de narrativa testemunhal – o *testemunho* – assume uma importância e autoridade relevante no esclarecimento de eventos candentes, em que, em um texto narrativo, o protagonista ou testemunha de um fato conta na primeira pessoa uma experiência significante de vida, tendo em vista denunciar uma situação sociopolítica adversa, com a finalidade de mudá-la ou chamar a atenção para uma reivindicação, ou eventos-limite, sejam eles sublimes, trágicos ou abjetos.

Pode ser definida como

> uma narrativa em forma de livro ou panfleto, contada na primeira pessoa por um narrador que é também o real protagonista ou a testemunha dos

eventos que ele ou ela conta, e de quem a narração, comumente, é a vida ou uma experiência significativa de vida (BEVERLEY, 2000: 92).

É um tipo de biografia, mas apresenta diferenças importantes em relação a outras formas biográficas: a testemunha é o autor, comprometido com a luta contra a opressão que denuncia e sem sua fala permaneceria oculta ou ignorada, mas nem sempre é o redator único do texto, uma vez que, frequentemente, é relatado por pessoas que não podem ou não sabem dar forma redacional ao seu testemunho. O testemunho tem um imperativo ético de denunciar as condições opressivas e os opressores, principalmente as torturas, atrocidades, chacinas e prisões exercidas contra a vítima ou contra o grupo social de que faz parte a testemunha.

Gênero em crescente uso (GUGELBERGER, 1996), ganhou notoriedade com o Prêmio Nobel da Guatelmateca Rigoberta Menchu (1984), como denúncia de condições sociais opressivas na América Latina, mas o testemunho desenvolveu modalidades diversas de revelação de opressões, com o objetivo de suscitar esforços esperançosos de transformação, ou denunciar atrocidades impunes contra grupos vulneráveis. Suas raízes podem ser encontradas nas crônicas coloniais, diários de guerra; na Europa, produziu uma literatura de denúncia à violência nazista; na América Latina, fomentou testemunhos sobre modalidades de violência e crueldade perpetradas pelas condições sociais, pelo aparato repressivo do Estado ou por grupos criminosos organizados.

5 Etnobiografia

Na etnobiografia, o discurso autobiográfico – o que o sujeito conta – constitui a primeira versão da realidade, que é completada com tratamentos e análises complementares e com outras informações sobre a realidade social na qual o indivíduo está inserido. Supõe, assim, a produção de um primeiro relato bruto, seguido da releitura e correção com o narrador do relato produzido.

Em outro momento, o pesquisador confronta o relato com outras informações orais ou escritas, entrevistas e discussões em grupo e, finalmente, complementa com a pesquisa histórica e documental sobre as informações fornecidas para concluir a pesquisa (POIRIER; CLAPIER-VALLADON & RAYBAUT, 1983).

A etnobiografia apresenta-se como uma pesquisa biográfica em profundidade, que pretende, por diversos meios, não só atenuar a subjetividade, seletividade e o viés do narrador e, assim, melhor assegurar a validade objetiva do relato, mas também expor as diversas etapas de consciência que vincula o sujeito à sociedade e aos fatos.

Distingue-se da psicobiografia enquanto, nessa, o indivíduo se apresenta no interior de uma trama de acontecimentos, revelando as emoções suportadas e interpretando os sentimentos sofridos no curso dos eventos narrados. Aproxima-se de autobiografias espontâneas, como confissões, diários íntimos, reflexões pessoais etc.

6 História oral

A história oral, ainda que presente na Antiguidade como um meio de se preservar as tradições culturais, tornou-se uma relevante direção nos estudos históricos. Relegada no século XIX, quando se procurou dar um estatuto científico objetivo à história, foi retomada na segunda metade do século XX, não só como forma de dar voz aos excluídos da história oficial, mas também como resultante de um nova compreensão da história: primeiro a Escola dos *Annales*, para a qual a atenção do historiador não deve concentrar-se somente em grandes eventos e regimes políticos, mas atender os mecanismos econômicos que engendram as estruturas e ocultam realidades sociais.

No segundo quartel do século passado, a renovação trazida pela história cultural renova o interesse pela história contemporânea, distancia-se do conceito de passado só como realidade já acontecida que deve ser preservada, recupera a relevância das fontes orais e introduz novas questões temáticas e teórico-metodológicas. Dentre essas questões, ocupa lugar a memória coletiva (HALBWACHS, 1990) como um fenômeno social, construída a partir da inserção no grupo social e elaborada pelo sujeito, que articula o acervo de lembranças enraizadas na rede de solidariedades de um grupo.

A memória é, segundo Nora (1984), uma reconstrução do passado, calcada no fluxo de emoções e vivências, e desse modo, cambiante de acordo com o momento atual, sofrendo transformações e flutuações constantes. Seu uso em pesquisa não significa a descrição do acontecimento, mas a subjetividade do relato pode revelar muito dos anseios e lutas não visíveis dos excluídos, o significado do esquecimento e dos silêncios (POLLACK, 1889; 1992).

Na história oral, como possibilidade de pesquisa, o investigador reúne informações orais de uma ou mais pessoas sobre eventos, seu contexto, suas causas e efeitos. Como forma de pesquisa, a coleta de testemunhos orais, derivada da "história oral", supõe um conhecimento dos diferentes usos da história (CARDOSO & BRIGNOLI, 2002) e as possibilidades que o recurso aos testemunhos orais podem oferecer, como suprir deficiências de documentos disponíveis, alcançar informações não registradas ou inacessíveis, compreender o contexto vivido para além das informações unidimensionais oferecidas pelos documentos, extrair uma perspectiva não oficial, registrar a visão de grupos humanos que não têm tradição escrita ou domínio dela. Alguns historiadores preferem designar fontes orais da história.

O historiador, em geral, distingue as fontes primárias – testemunhos orais ou registros (escritos, orais, sonoros ou imagéticos) de testemunhas oculares dos acontecimentos investigados que tenham tido relação direta com o evento – e as fontes secundárias, testemunhos orais e escritos de pessoas não imediatamente presentes ao evento, mas que analisem um acontecimento ou discorram sobre o acontecido.

A história oral, tendencialmente, tem ampliado a utilização da metodologia de pesquisa, abarcando campos cada vez mais diferenciados do conhecimento, sob o patrocínio dinâmico de grupos de pesquisa, associações e periódicos, como a Associação Internacional de História Oral (http://www.bcn.es/tjssana/ihoaee). No Brasil, a Associação Brasileira de História Oral (ABHO), fundada em 1994, promove encontros, cursos e publicações sobre metodologia e pesquisas; edita a revista *História Oral*, sob os auspícios do Núcleo de Estudos em História Oral, Departamento de História, FFLCH-USP (NEHO-USP).

7 História oral e ciências humanas e sociais

1) Sociologia e antropologia

Um importante marco no desenvolvimento da história de vida, como método de pesquisa, deve-se à Escola de Chicago, inicialmente a Thomas & Znaniecki (1958) que, em 1918, exploraram "os relatos e os documentos autobiográficos como material privilegiado de pesquisa, visando desenvolver nos indivíduos a capacidade de dominar espontaneamente, pela reflexão consciente, suas próprias atividades" (p. 72).

Com o incremento dado por Park (1952) em seus estudos sobre grupos da cidade de Chicago, o método ganhou notável evidência. Znaniecki, de volta à Polônia, utilizou-o como instrumento de uma sociologia militante, visando formar a consciência nacional e a consciência de classe.

Nos anos de 1930, apogeu dos relatos autobiográficos, Dollard (1949) procura apresentar fundamentação ao método de história de vida considerando que "os estudos minuciosos da vida de um indivíduo revelarão novas perspectivas sobre a cultura como um todo" (p. 4).

Na década de 1940, o método foi eclipsado pela montante dos métodos quantitativos e pelas novas condições do próprio Departamento de Sociologia de Chicago, que favoreceram o declínio do método (cf. BECKER, 1970). Renasce nos anos de 1960, com estudos exemplares sobre a vida dos trabalhadores (MINTZ, 1960) e a vida de família mexicana (LEWIS, 1961), com o debate sobre a ciência do indivíduo concreto nas complexas relações sociais (SARTRE, 1960; SÈVE, 1968), o estatuto do vivido e a etno-história (POIRIER; CLAPIER-VALLADON & RAYBAUT, 1983).

2) Psicologia e história de vida

A história de vida tem sido usada nas pesquisas em psicologia para estudar a relação entre a personalidade e o seu meio ou o indivíduo e as relações sociais. *A psicobiografia ou* psico-história (FRIEDLANDER, 1975) procura investigar o psiquismo como fator de explicação histórica ou a história como constituinte do psiquismo, como, por exemplo, a personalidade de Hitler e a produção da guerra. Por outro lado, a psicanálise recorre à história de vida, especialmente os primeiros anos, como núcleo relevante de autoanálise e cura (FREUD, 1966; 1988), ou como fundamento da análise existencial (BISWANGER, 1971); os métodos projetivos (ANZIEU, 1959) exploram o alcance catárquico dos discursos livres a partir de desenhos ou, ainda, procura-se descrever as "estações da vida" (LEVINSON, 1978) ou a recorrência biorrítmica dos ciclos de vida, como o fazem Swoboda e Fliess (THOMMEN, 1976) e suas consequências na história pessoal.

8 *Considerações metodológicas*

A gama de possibilidades do método biográfico e a complexidade técnica ao lidar com vidas humanas, sempre fluentes, versáteis e imprevisíveis, pode ser apreciada na diversidade da literatura existente sobre o método (FERRAROTTI, 1983: 103-114), em Bertaux (1980: 202-206), em descrições fundamentadas do método utilizado (cf. LEWIS, 1961), ou propostas metodológicas que descrevem fases circunstanciadas para se fazer uma análise exaustiva de relatos de vida (POIRIER; CLAPIER-VALLADON & RAYBAUT, 1983), a fim de responder às sete questões que constantemente aparecem no trabalho de campo: quem interrogar?; quantos?; ser diretivo ou não diretivo?; recolher dados completos ou incompletos?; como transcrevê-los?; como analisá-los?; como publicá-los? (BERTAUX, 1980: 207).

Essas possibilidades sugerem algumas recomendações indicativas (DENZIN, 1989; BERG, 1998) sobre o método biográfico:

a) refinar o objeto e o objetivo da pesquisa;

b) fazer um levantamento exaustivo da documentação e do contexto histórico e social do sujeito da biografia, selecionando as fontes primárias e secundárias;

c) ter presente a concepção historiográfica que sustenta o processo de coleta e análise das informações;

d) definir a recolha e registro do relato oral (tipo de entrevista, questionário biográfico etc.) do sujeito principal e de outros informantes;

e) coletar os materiais biográficos orais, estruturando a narrativa a partir de alguns acontecimentos nucleares, cronológicos, como nascimento, infância, adolescência ou pivotantes, como educação, casamento, emprego;

f) o pesquisador analisa o significado do relato particular considerando os significados mais amplos do relato quando inserido no contexto, nas estruturas sociais e culturais ou nas interações sociais, a fim de alcançar uma compreensão e análise globalizante da experiência de vida relatada;

g) o texto final é uma interpretação do pesquisador fundamentada em informações orais, em documentos e na análise da realidade social em que se deu a experiência vivida.

Referências

ANGROSINO, M.V. (1989). *Documents of interaction*: biography, autobiography and life history in social sciences. Gainesville: University of Florida Press.

ANZIEU, D. (1959). *L'autoanalyse, son rôle dans la découverte de la psychanalyse par Freud. Sa function en psychanalyse*. Paris: PUF.

ARMSTRONG, P.F. (1987). *Qualitative strategies in social and educational research*: The life history method in theory and practice. Newland Papers, n. 14. University of Hull.

BARNET (1986). La novella-testimonio: socioliteratura. In: JARA, R. & VIDAL, H. (orgs.). *Testimonio y literatura*. Minneapolis: University of Minnesota/Institute for the Study of Ideologies and Literatures.

BECKER, H.S. (1970). *Sociological work*: method and substance. Chicago: Aldine.

BENMAYOR, R. & SKONTNES, A. (orgs.) (1995). *Migration and identity-international yearbook of oral history and life stories*. Vol. 3. Oxford: Oxford University Press.

BERG, B.L. (1998). *Qualitative research methods for the social sciences*. 3. ed. Boston: Allyn and Bacon.

BERTAUX, D. (1997). *Les récit de vie*. Paris: Nathan.

______ (org.) (1981). *Biography and society*: the life history approach in the social sciences. Beverly Hills, CA: Sage.

______ (1980). L'approche biographique. La validité méthodologique, ses possibilités. In: *Cahiers Internationaux de Sociologie*, vol. LXIX, juillet-décembre, p. 197-225.

BEVERLEY, J. (2000). Testimonio, subalternity, and narrative authority. In: DENZIN, N.K. & LINCOLN, Y.S. (orgs.). *Handbook of qualitative research*. 2. ed. Thousand Oaks, CA: Sage, p. 555-565.

BISWANGER, L. (1971). *Introduction à l'analyse existentielle*. Paris: Minuit.

BOCHNER, A.P.; ELLIS, C. & TILLMANN-HEALY, L. (1998). Mucking around looking for truth. In: MONTGOMERY, B.M. & BAXTER, L.A. (orgs.). *Dialectical approaches to studing personal relationship*. Mahwat, NJ: Laurence Erlbaun, p. 41-62.

BOURDAGES, L.; LAPOINTE, S. & RHEAUME, J. (orgs.). *Le "je" et le "nous" en histoire de vie*. Paris: L'Harmattan.

Cahiers Internationaux de Sociologie (1980), vol. LXIX, juillet-décembre. Paris: PUF.

CALDAS, A.L. (1999). *Oralidade, texto e história* – Para ler a história oral. São Paulo: Loyola.

CAMARGO, A.; ROCHA-LIMA, V. & HIPÓLITO, L. (1984). "O método de história de vida na América Latina". *Cadernos Ceru*, 1ª série, junho, p. 148-170.

CARDOSO, C.-F. & BRIGNOLI, H.P. (2002). *Métodos da história*. Rio de Janeiro: Graal.

CATANI, M. & MAZÉ, S. (1983). *Tante Suzanne; une histoire de vie sociale*. Paris: Méridiens.

CHAMBERLAIN, M. & THOMPSON, P. (orgs.) (1997). *Narrative and genre*. Londres: Routledge.

CHAMBERLAYNE, P.; BORNAT, J. & WENGRAFT, T. (orgs.) (2000). *The turn to biographical forms of social science*: Comparative issues and exemples. Londres: Routledge.

CLAPIER-VALLADON, S. & POIRIER, J. (1983). "Psychobiographie ethnobiographie". *Revues des Sciences Humaines*, LXII, n. 191, juillet-septembre.

COUPLAND, N. & NAUSBAUM, J.F. (orgs.) (1993). *Discourse and lifespan identity*. Newbury Park, CA: Sage.

CRAWFORD, L. (1996). "Personal etnography". *Communication Monographs*, 63, p. 158-170.

DEMAZIÈRE, D. & DUBAR, C. (1997). *Analyser les entretiens biographiques* – Exemples de récit d'insertion. Paris: Nathan.

DENZIN, N. (1989). *Interpretative biography*. Newbury Park, CA: Sage.

DEX, S. (org.) (1991). *Life and work history analysis*: Qualitative and quantitative developments. Londres: Routledge.

DOLLARD, J. (1949). *Criteria for the life history.* Yale: Yale University Press.

ELLERBY, J. (2001). *Intimate reading*: the contemporary women's memoir. Syracuse, NY: Siracuse University Press.

ELLIS, C. & BOCHNER, A.P. (orgs.) (1996). *Composing ethnography*: Alternative of qualititave forms of qualitative writing. Walnut Creek, CA: AltaMira.

FERRAROTTI, F. (1983). *Histoire et histoires de vie* – La méthode biographique das les sciences sociales. Paris: Méridiens.

FRIEDLANDER, S. (1975). *Histoire et psychanalise* – Essai sur la possibilité et les limites de la psycho-histoire. Paris: Seuil.

FREUD, S. (1988). *Le mot d'esprit et sa relation à l'inconsciente.* Paris: Gallimard (1. ed., 1905).

______ (1966). *Psicopatologia da vida cotidiana.* 2. ed. Rio de Janeiro: Zahar (1. ed., 1901) [Tradução Álvaro Cabral].

GOULEJAC, V. (1999). *Histoire en héritage.* Paris: Desclée de Brouwer.

GUGELBERGER, G.M. (org.) (1996). *The real things*: Testimonia discourse in Latin America. Durhan, NC. Duke University Press.

GRELE, R.J. (1991). *Envelopes of sound*: The art of oral history. Nova York: Praeger.

HAIGHT, B.K. & WEBSTER, J.D. (1995). *The art and science of reminiscing*: Theory, research, methods and applications. Nova York: Taylor and Francis.

HALBWACHS, M. (org.) (1990). *A memória coletiva.* São Paulo: Vértice.

HAMMERSLEY, M. (org.) (1994). *The ethnograpy of schooling.* Britain: Bemrose.

HATCH, J.A. & WISNIEWSKI, R. (orgs.) (1995). *Life history and narrative.* Londres: Falmer.

JOSSLESSON, R. & LEIBLICH, A. (orgs.) (1995). *Narrative study of lives.* Vol. 3. Thousand Oaks, CA: Sage.

______ (1993). *Narrative study of lives.* Vol. 1. Newbury Park, CA: Sage. (Especialmente: WIDDERSHOVEN, G. *The history of life*: hermeneutic perspective on the relationship between narrative and life history.)

Le GOFF, J. (org.) (1996). *História e memória.* 2. ed. Campinas: Unicamp.

______ (1990). *História e memória.* Campinas: Unicamp [Tradução de Bernardo Leitão].

LEJEUNE, P. (1989). *On autobiography.* Mineápolis: University of Minnesota Press.

LEVINSON, D.J. (1978). *The seasons of man's life.* Nova York: Knopf.

LEWIS, O. (1961). *The children of Sanchez; autobiography of a mexican family.* Nova York: Random House.

LOMASK, M. (1986). *The biographer´s craft.* Nova York: Harper & Row.

MANCHU, R. (1984). *Eu, Rigoberta Manchu* – Uma mulher índia na Guatemala. Londres: Verso.

MARINAS, J.M. & SANTAMÁRINA, C. (1993). *La historia oral*: métodos y experiencias. Madri: Debate.

MILLER, R. (2005). *Biographical research methods.* Thousand Oaks, CA: Sage.

MINTZ, S. (1960). *Worker of the cane.* New Haven, CO: Yale University Press.

MOMIGLIANO, A. (1991). *Les origines de la biographie en Grèce Anciènne.* Estrasburgo: Circé.

NORA, P. (1984). *Mémoire et histoire-la problematique des lieux.* Les lieux de mémoire – Vol. I: La Republique. Paris: Gallimard.

PARK, R.E. (1952). *The collected papers of Robert Ezra Park* – Vol. 2: Human communities: The city and human ecology. Glencoe, IL: Free Press. (HUGHES, E.C. et al. [orgs.])

PINEAU, G. & LEGRAND, J.-L. (1993). *Les histoires de vie.* 2. ed. Paris: PUF.

PINEAU, G. & MARIE-MICHELE (1983). *Produire sa vie*: autoformation et autobiographie. Montreal: Edilig.

PENEF, J. (1990). *La méthode biographique.* Paris: Colin.

PERKS, R. & THOMSON, A. (orgs.) (1998). *The oral history reader*. Londres: Routledge (esp. Part IV: "Interpreting Memories").

PLUMMER, K. (2001). *Documents of Life 2*: An invitation to critical humanism. Londres: Sage.

______ (1983). *Documents of life*: An introduction to the problems and literature of a humanistic method. Londres: George Allen and Unwin.

POIRIER, J.; CLAPIER-VALLADON, S. & RAYBAUT, P. (1983). *Les récits de vie théorie et pratiques*. Paris: PUF.

POLLACK, M. (1992). "Memória e identidade social". *Estudos históricos*, vol. 5, n. 10, p. 200-212. Rio de Janeiro.

______ (1989). "Memória, esquecimento e silêncio". *Estudos históricos*, vol. 2, n. 3, p. 3-15. Rio de Janeiro.

ROGERS, K.; LEYDESDORFF, S. & DAWSON, G. (orgs.) (1999). *Trauma and life stories*: International perspectives. Londres: Routledge.

ROSEN, H. (1988). *Speaking from memory*: the study of autobiographical discourse. Stoke on Trent: Trentham Books.

ROSWENWALD, G.C. & OCHBERG, R.L (orgs.) (1992). *Storied Lives*: The cultural politics of self understanding. Newhaven: Yale University Press.

RUBIN, D. (org.) 1986). *Autobiographical memory*. Cambridge: Cambridge University Press.

SANTO AGOSTINHO (1984). *Confissões*. São Paulo: Paulus.

SARTRE, J.-P. (1960). *Critique de la raison dialetique*. Paris: Gallimard.

SÈVE, L. (1968). *Marxisme et théorie de la personnalité*. Paris: Les Éditions Sociales.

SHERIDAN, D.; STREET, B. & BLOOME, D. (2000). *Writing ourselves*: Literacy practices and the mass-observation project. Cresskill, NJ: Hampton Press.

SKLODOWSKA, E. (1996). Spanish American testimonial novel: some afterhougts. In: GUGELBERGER, G.M. (org.). *The real thing*: Testimonial discourse and Latin America. Durhan, NC: Duke University Press.

SMITH, L.M. (1994). Biographical method. In: DENZIN, N.K. & LINCOLN, Y.S. (orgs.). *Handbook of qualitative research*. Thousand Oaks, CA: Sage, p. 286-305.

SPAULL, A.D. (1988). Oral history. In: KEEVES, J. (org.). *Education research, methodology, and measurement* – An International Handbook. Nova York: Pergamon.

STANLEY, L. (org.) (1992). *The autobigraphical I*: The theory and practice of feminist autobiography. Manchester, UK: Manchester University Press.

SWINDELLS, J. (org.) (1995). *The uses of autobiography*. Londres: Taylor and Francis.

THOMAS, W.I. & ZNANIECKI, F. (1927-1958). *The Polish peasant in Europe and America*. Nova York: Dover.

THOMMEN, G.S. (1976). *Biorythmes*. Paris: L'Étincelle.

THOMPSON, P.R. (1992). *A voz do passado*: história oral. São Paulo: Paz e Terra.

TIERNEY, W.G. (2000). Undaunted courage; life history and postmodern challenge. In: DENZIN, N.K. & LINCOLN, Y.S. (orgs.). *Handbook of qualitative research*. Thousand Oaks, CA: Sage, p. 537-553.

VAN MAANEN, M. (1990). *Researching lived experience*: Human science for an action sensitive pedagogy. Albany: State University of New York Press.

4 - Análise de conteúdo, análise de narrativa, análise do discurso

Introdução

Há uma proliferação polissêmica dos termos para descrever as possibilidades de se extrair o significado de comunicações contidas em um texto, ou em qualquer outra forma de comunicação. A análise do conteúdo, análise do discurso e análise de narrativas são modalidades de interpretação de textos que, apoiando-se em diferentes orientações filosóficas, propõem formas de análise fundamentadas nas diversas teorias linguísticas, na semiótica, na hermenêutica, no estruturalismo, no pós-estruturalismo, no interacionismo e na análise da conversação, a fim de se extrair significados expressos ou latentes de um texto. Há muitas formas de se analisar um documento e uma multiplicidade de técnicas disponíveis, dependendo da opção do investigador e dos objetivos da pesquisa.

Deste modo, há uma variedade de pressupostos filosóficos, disciplinas, práticas e métodos que caracterizam um amplo e diverso campo de estudos e métodos de pesquisa, já mapeado em quatro volumes (VAN DIJK, 1985) mas ainda em franca expansão, com o desenvolvimento da linguística.

Embora os termos se interpenetrem e, por vezes, equivalham-se, a análise de conteúdo, como uma forma de extrair os significados por técnicas historicamente elaboradas, distingue-se da análise do discurso. A análise de conteúdo visa decompor as unidades léxicas ou temáticas de um texto, codificadas sobre algumas categorias, compostas por indicadores que permitam uma enumeração das unidades e, a partir disso, estabelecer inferências generalizadoras. A análise do discurso constitui-se como um tipo de análise que ultrapassa os aspectos meramente formais da linguística, para privilegiar a função e o processo da língua no contexto interativo e social em que é prolatada, considerando a linguagem, em última análise, como uma prática social. As práticas de pesquisa, derivadas dessas análises, visam decifrar comunicações transcritas em documentos.

Para a teoria da comunicação, o conteúdo de qualquer comunicação pode ser analisado, considerando-se o emissor, o receptor, a mensagem e o meio ou canal usado para comunicar a mensagem. A fonte da comunicação é o emissor ou produtor que, utilizando um meio de comunicação, produz e emite o conteúdo de uma mensagem, supondo um receptor, a quem se dirige sua mensagem.

A comunicação está traduzida em um documento. Um documento pode ser, deste modo, toda e qualquer informação visual, oral, sonora, eletrônica que esteja gravada ou transcrita em um suporte material: papel, filme, pedra ou quaisquer outros materiais.

A análise de conteúdo, de narrativas ou do discurso tratam, de modo especial, os documentos transformados em "textos" para serem lidos e interpretados; os textos mais usualmente utilizados em pesquisa são documentos escritos que podem ter a forma de livro, jornal, revista, artigos, histórias de vida, cartazes de publicidade, ou transcrições de conferências ou relatos, de entrevistas ou questionários, de aulas ou discussões em grupo dos quais se procura extrair e analisar o conteúdo patente ou latente que conservam. Convém lembrar que a história desenvolveu muitas teorias e técnicas de análise e interpretação de textos documentais históricos.

Análise de conteúdo

A análise de conteúdo é uma dentre as diferentes formas de interpretar o conteúdo de um texto que se desenvolveu, adotando normas sistemáticas de extrair os significados temáticos ou os significantes lexicais, por meio dos elementos mais simples de um texto. Consiste em relacionar a frequência da citação de alguns temas, palavras ou ideias em um texto para medir o peso relativo atribuído a um determinado assunto pelo seu autor. É um tipo da análise da comunicação que pretende garantir a imparcialidade objetiva, socorrendo-se da quantificação das unidades do texto claramente definidas, para gerar resultados quantificáveis ou estabelecer a frequência estatística das unidades de significado.

A análise de conteúdo, em pesquisa, consolidou-se tendo com referência as técnicas sistemáticas de análises documentárias, sendo descrita como "uma técnica de fazer inferências sistemáticas e objetivas, identificando as características especiais da mensagem" (HOLSTI, 1968: 608).

Pressupõe, portanto, que um texto contém sentidos e significados, patentes ou ocultos, que podem ser apreendidos por um leitor que interpreta a mensagem contida nele por meio de técnicas sistemáticas apropriadas. A mensagem pode ser apreendida, decompondo-se o conteúdo do documento em fragmentos mais simples, que revelem sutilezas contidas em um texto. Os fragmentos podem ser palavras, termos ou frases significativas de uma mensagem.

Nascida de um esforço de sistematizar e superar análises subjetivas de documentos e fazer, segundo Berelson (1952), uma descrição objetiva, sistemática e quantitativa do conteúdo manifesto das comunicações, tendo por finalidade interpretá-los.

A análise de conteúdo construiu um conjunto de procedimentos e técnicas de extrair o sentido de um texto por meio das unidades elementares que compõem produtos documentários: palavras-chave, léxicos, termos específicos, categorias, temas e semantemas, procurando identificar a frequência ou constância dessas unidades para fazer inferências e extrair os significados inscritos no texto a partir de indicadores objetivos. Muito utilizada em comunicações de massa – imprensa, televisão, cinema – em textos e em transcrições de entrevistas, respondendo, segundo Lasswell (1952), a cinco questões: quem fala? Para dizer o quê? Por quais meios? A quem? Com quais efeitos?

Essas técnicas de decomposição do texto desenvolveram-se, nos Estados Unidos, nos anos de 1920, sobre os meios de comunicação a partir da análise do conteúdo jornalístico, estendendo-se ao discurso publicitário e literário, e ampliaram-se com o interesse em se identificar o conteúdo político ou militar de mensagens (LASSWELL, 1952). Expandiram-se com a introdução de novas técnicas de exploração do conteúdo de mensagens, especialmente, com a introdução do computador na enumeração dos termos contidos no texto.

O desenvolvimento de técnicas de seleção e quantificação dessas unidades de análise ampliou as possibilidades de estabelecer correlações engenhosas entre as unidades léxicas. Com a expansão da informática, criaram-se softwares específicos para aprimorar o levantamento das palavras significativas de um texto, decompondo a frequência dos termos existentes nele; além de estabelecer nexos e correlações entre palavras.

Stone e outros pesquisadores (1970) definiram a análise de conteúdo como toda técnica que permita fazer inferências, identificando objetiva e sistematicamente as características da mensagem. A partir dessa concepção organizou um primeiro programa de computador – *General Inquirer* – com base em um tesauro de palavras-chave para analisar uma hipótese previamente definida e um tesauro de categorias para análises variadas. Esse programa deu origem a muitos outros modelos e análises de conteúdo muito utilizado em pesquisa de meios de comunicação de massa.

O *General Inquirer* e seus sucedâneos procuram fazer uma descrição analítica do texto a partir de categorias compostas por meio de indicadores ou unidades de registro, a fim de descrever as características fundamentais da mensagem e, por meio da descrição, estabelecer inferências: realizar a passagem controlada entre a enumeração sintética das características (descrição) e uma nova e fundamentada significação das características encontradas (uma interpretação do conteúdo de um texto).

É uma análise léxica do conjunto das palavras significativas do texto para fazer a mensuração da frequência média das ocorrências e estabelecer associações relevantes sobre os sentidos expressos na mensagem. Para alguns, uma técnica exclusivamente quantitativa (SILVERMAN, 1993; BERELSON, 1952), pela qual se decompõe a mensagem pela frequência das unidades de significado a fim de agrupá-las em categorias ou classes e, ao final, alcançar os significados inscritos em um texto.

Outros consideram que o fracionamento e a quantificação não impedem analisar, com proveito, qualquer tipo de comunicação (ABRAHANSON, 1983; GRAWITZ, 1986), nem inviabilizam uma análise qualitativa de um texto. Nessas análises qualitativas, o pesquisador procura penetrar nas ideias, mentalidade, valores e intenções do produtor da comunicação para compreender sua mensagem. São analisadas as palavras, as frases e temas que dão significação ao conjunto, para relacioná-las com os dados pessoais do autor, com a forma literária do texto, com o contexto sociocultural do produtor da mensagem: as intenções, as pressões, a conjuntura, a ideologia que condicionaram a produção da mensagem, em um esforço para articular o rigor objetivo, quantitativo, com a riqueza compreensiva, qualitativa.

A análise de conteúdo parte do pressuposto de que o léxico, um vocábulo que é uma unidade discreta do texto, constitui uma síntese condensada da realidade e a frequência de seu uso pode revelar a concepção de seu emissor, os seus valores, opções, preferências. Pode-se, pois, fazer um recenseamento ou contabilização das palavras, fisicamente presentes e numericamente contáveis, extraindo o sentido manifesto da mensagem na constância dos termos reveladores, na eleição de léxicos significativos e nas associações aproximativas de palavras.

Ademais, é possível, também, não se restringir ao que está expresso nas parcelas do texto, mas fazer uma leitura do contexto e das circunstâncias em que a mensagem foi feita, e autorizar uma leitura subjacente ao texto, aquilo que está além do que é manifesto e, deliberada ou inconscientemente, é preterido: as omissões, as ignorâncias consentidas, as preferências seletivas por palavras, os termos ambíguos, enfim, os indefinidos significados subjacentes que o texto contém.

O critério fundamental da análise de conteúdo é o fragmento singular do texto: a *palavra, termo* ou *lexema,* considerando-os como a menor unidade textual e, como tal, passível de se analisar a frequência com que aparecem no texto, a fim de se estabelecer correlações significativas entre as unidades e extrair conteúdo relevante da mensagem.

As palavras estão reunidas em torno de *categorias*, ou seja, de um conceito ou atributo, com um grau de generalidade, que confere unidade a um agrupamento de palavras ou a um campo do conhecimento, em função da qual o conteúdo é classificado, quantificado, ordenado ou qualificado. Exemplo: saúde física, mental, emocional, social; valores: humanos, econômicos, políticos; opinião: favorável, desfavorável.

A eleição das categorias é fundamental para se atingir os objetivos que se pretende, pois devem estar claramente definidas e serem pertinentes aos objetivos pretendidos na pesquisa, a fim de condensar um significado a partir de unidades vocabulares. A definição das categorias depende da natureza da pesquisa e das particularidades dos dados, razão pela qual nem sempre é fácil definir as categorias de antemão.

Quando se parte da verificação de uma hipótese previamente definida as categorias podem ser estabelecidas de antemão, tal como se faz em uma pesquisa de opinião (não gosto, indiferente, gosto pouco, gosto muito); quando as categorias devem ser extraídas do conteúdo de um texto, serão necessárias leituras atentas para se levantar o sistema categorial pelo qual será analisado o texto.

As unidades podem, também, ser reunidas em torno de um *tema*, uma proposição sobre um assunto ou um conjunto significativo de palavras que corresponde a uma ideia; em geral, uma afirmação que vai ser demonstrada, ou tratada, ou uma sentença com sujeito e predicado que exprime um significado a partir do qual são compreendidas as palavras significativas. Ex: a pesquisa é uma atividade social.

As unidades, às vezes, são reunidas em torno de um *item*, uma unidade global de emissão da mensagem que, em sentido amplo, pode significar um livro, carta, entrevista etc. e, em sentido estrito, uma palavra-questão usada como unidade de registro.

As categorias ou temas são *codificados*: os dados brutos são sistematicamente reunidos e condensados em unidades que permitam a descrição objetiva das características mais relevantes do conteúdo. Exemplo: vigor, bem-estar, felicidade, amizade podem ser unidades codificadas da categoria "saúde".

Análise de narrativa

Uma narrativa, seja um conto, uma novela ou romance, é uma história expressa numa linguagem aberta, que permite "uma livre intervenção interpretativa a ser feita pelos próprios destinatários..." (ECO, 1979: IX). A análise de narrativa pode ter uma variedade de formas em pesquisa.

Há duas orientações fundamentais: uma, derivada do formalismo estruturalista, pressupõe que a coerência do texto pode ser encontrada nos códigos, sintaxe e formas. O exemplo mais conhecido pode ser apreciado na morfologia dos contos do folclorista russo, Vladimir Propp, pioneiro nesse domínio. Outra orientação analisa a narrativa das experiências vividas, produzidas nas interações sociais, especialmente nas entrevistas clínicas, como a etnometodologia desenvolveu ou análise da enunciação, D'Unrug (1974).

Propp, influenciado pelo formalismo russo de Jakobson e trabalhos de Bahktin, procurou investigar a coerência do texto e os elementos formais que constroem a morfologia das narrativas dos contos de fada russos e, em obras posteriores, as raízes históricas e as transformações dos contos populares e a epopeia dos heróis dos contos russos, elaborando alguns princípios básicos constantes pelos quais os contos podem ser analisados e compreendidos: a estabilidade dos elementos, sequências idênticas, funções sempre limitadas e relação com a estrutura, ou paráfrase, onde se põe o problema inicial (dragão aterrorizador) a busca pelo herói, e uma série de provas até o sucesso final.

A estrutura é uma sequência constante de funções imutáveis (ausência, interdição violação da interdição, maldade) que se movem a partir de pares (luta/vitória, perseguição/resgate) e pela ação do herói e do mau, delimitado pela função luta/vitória, tarefa difícil/superação.

Lévi-Strauss (1963), também baseado em Jakobson e Propp, opôs sua concepção de estrutura em contraposição ao formalismo de Propp, para analisar os mitos a partir de quatro princípios norteadores que estruturam a narrativa do mito: oposições binárias, um sistema fechado de relações, um modelo sincrônico e unidades estandardizadas. Com esses princípios, o autor analisa o parentesco, o mito e o pensamento de sociedades primitivas.

Em suma, a análise formal-estrutural parte de princípios previamente definidos com relação ao código, sintaxe e gramática, procura extrair os significados do texto usando os princípios e regras preestabelecidas. São análises externas, de cima para baixo, a partir de uma interpretação do pesquisador, em oposição às análises internas, de baixo para cima, a partir do próprio texto, como as pesquisas de narrativas procuram fazer com respaldo na etnografia.

Os etnometodólogos, em geral, estudam as narrativas como conversações situadas, procurando extrair as unidades de análise dependentes do contexto em que são ditas, para encontrar os fundamentos que expliquem o significado da narrativa. O pesquisador parte de um conjunto de pressupostos e regras para descrever o significado da narrativa (MANNING & CULLUM-SWAN, 1994; SILVERMAN, 1993).

Nas narrativas clínicas pode-se encontrar duas formas de exploração da narrativa para se obter informações sobre a experiência humana vivida e sobre o modo como alguém constrói o sentido de suas ações: uma pré-formatada pelo investigador, que extrai na entrevista informações requeridas para verificar sua hipótese; outra, elaborada pelo próprio narrador que relata sua história pessoal, complexa e cambiante da qual se retira o sentido que o narrador empresta à realidade.

Análises etnometodológicas das narrativas e a antropologia das comunicações assumem a forma de análise da conversação (SACKS, 1992), como interações sociais em que os participantes se mostram capazes de falar, silenciar, interromper, ocultar, produzir uma imagem de si e provocar a exposição do outro, criando uma realidade social contextuada, a fim de descrever os tipos de trocas comunicativas (conversas familiares, clínicas etc.). As análises da conversão são eminentemente descritivas da fala dos participantes, pressupondo que os proseadores constroem uma realidade social nas intercomunicações interpessoais. A partir de um texto transcrito, procura-se extrair as regras e os princípios que mantêm o funcionamento das diferentes trocas verbais.

Análise do discurso

A análise do discurso recobre um amplo espectro de teorias e práticas que corresponde a objetivos e finalidades muito diversas e nutrem uma diversidade de orientações de pesquisa e disciplinas. Há uma profusão de "escolas" de análise do discurso, amparadas em pressupostos filosóficos e orientações teóricas diversas (SILVA & VIEIRA, 2002), e delas podem ser extraídas as diversas orientações básicas de análise do discurso.

Discurso não tem significado único. Na linguagem comum pode significar o diálogo entre falantes; em linguística, é a forma pela qual os diversos elementos linguísticos estão unidos para constituir uma estrutura de significado mais ampla que a somatória das diversas partes. Em pesquisa, é analise de um conjunto de ideias, um modo de pensar ou um corpo de conhecimentos expressos em uma comunicação textual ou verbal, que o pesquisador pode identificar quando analisa um texto ou fala.

A análise do discurso pressupõe que tal discurso não se restrinja à estrutura ordenada de palavras, nem a uma descrição ou a um meio de comunicação, nem tampouco se reduz à mera expressão verbal do mundo. O discurso é a expressão de um sujeito no mundo que explicita sua identidade (quem sou, o que quero) e social (com quem estou) e expõe a ação primordial pela qual constitui a realidade. Para alguns autores, o discurso constituinte da realidade deve ser o alvo mais relevante da análise: decifrar a genealogia do poder, segundo Foucault; desvendar as relações de opressão, conforme a análise crítica, que subjazem ao discurso.

Nascida na segunda metade do século XX, procura analisar o uso da linguagem em discursos contextuados de pessoas que interagem, e os processos pelos quais dão forma linguística e produzem sentido nas suas interações sociais.

Sem pretender esgotar as possibilidades crescentes das múltiplas versões, com seus pressupostos e objetivos diversos, que a análise do discurso abarca, pode-se, preliminarmente, distinguir uma tendência que considera o discurso em si, enquanto estruturado internamente e regido por normas, estudando a gramática das sentenças ou dos gêneros orais ou escritos – descrições, poesias, conversações etc. – que estão consubstanciados em um texto ou fala, podendo-se, também, analisar a forma, os padrões característicos, as regularidades e oposições verbais do texto contidas nas frases. O interesse da análise, nesse caso, é investigar as propriedades formais da língua enquanto um sistema semântico, estruturado para produzir significados a partir de um sistema léxico-gramatical.

Outra tendência pressupõe o discurso enquanto situado em um contexto sócio-histórico e considera que ele só pode ser compreendido se relacionado com o processo cultural, socioeconômico e político nos quais o discurso acontece, crivado pelas relações ideológicas e de poder. Importa, nesse sentido, o processo, o ato da fala, o sentido elaborado no momento da produção do discurso, com todas as injunções subjetivas – desejos, instintos –, determinações sociais – ideologias contradições e formas linguísticas –, incoerências, repetições, omissões.

Pêcheux (1969), prenunciando uma análise crítica do discurso, ao mesmo tempo procurando aproveitar os recursos da informática, pretendeu ultrapassar o aspecto ostensivamente reducionista da análise quantitativa de conteúdo, objetivando estudar condições de produção do discurso resultante das condições de sua produção como um sistema linguístico, com recurso à análise semântica e sintática do texto.

Um discurso é determinado, segundo o autor, pela posição do produtor-receptor na estrutura social e condicionado pelas forças assimétricas que afetam tanto o discurso quanto a posição social dos interlocutores: patrão-operário, vendedor-consumidor. O discurso está conexo com as relações sociais, é revelador da posição dos interlocutores no contexto e só pode ser compreendido quando se tem presente as relações de força contidas no discurso.

A análise do discurso é, segundo Van Dijk (1985), uma forma de estudar o uso da linguagem que procura identificar o processo pelo qual as pessoas dão forma discursiva às interações sociais, produzem sentidos ao que falam e orientam suas ações no contexto em que vivem.

Algumas referências têm sido, entre outras, os pressupostos de pesquisas sobre análise de conteúdo, de narrativa e do discurso, que tem suas referências principais no estruturalismo, em Foucault, na semiótica e na teoria crítica, entre outros.

1) Estruturalismo

O estruturalismo é tributário das ideias de Saussure (1970), que estudou a linguagem como a faculdade universal de falar, distinguindo entre *língua* – sistema de sinais, registro de produto social que se usa para comunicar, externo ao indivíduo e institucionalmente constituído – e a *fala* – uso concreto e individual dos elementos, sujeito a variações. A fala faz evoluir a língua e seu estudo pode fixar-se em um dado momento (sincronia) ou analisar sua evolução (diacronia).

Para o estruturalismo linguístico, a língua é um sistema estrutural de relações opostas ou equivalentes, entre os diversos elementos que determinam o significado, tal como um jogo de xadrez que tem sua realidade a partir das relações interdependentes das peças que lhe dão sentido e não do material, madeira ou marfim, de que é feito. O significado deriva das relações variáveis entre os diversos elementos e não da referência a um objeto específico; os diversos elementos do texto podem ser analiticamente extraídos, arranjados, combinados ou transformados para criar um novo sentido.

Um dos elementos importantes da teoria deve-se ao conceito de oposição binária de Jakobson (1971-1985) que explica o significado pela relação oposta e inerente entre signos diferentes (claro-escuro) na produção de um significado. Recorrendo-se a essas oposições binárias, pode-se decodificar o significado de um texto. Foi, sobretudo, com os expoentes do estruturalismo que a teoria tornou-se referência para as ciências sociais, na segunda metade do século passado.

Lévi-Strauss recorreu ao modelo linguístico para estudo antropológico da estrutura de parentesco de povos primitivos (1949), considerando que, como os fonemas, os termos de parentesco são elementos de significado. Os termos não são independentes, só adquirem tal significado na condição de integrarem-se em sistema que permite descobrir das estruturas constantes subjacentes à complexidade dos sistemas de parentesco. Um conjunto de fenômenos aparentemente desconexos pode ser explicado, se desvendadas as estruturas ocultas que configuram a lógica do pensamento selvagem (1962) ou os mitos (1964-1971).

Os estruturalistas pretendem criar uma ciência objetiva que busque as relações descritivas ou causais de uma estrutura linguística ou da estrutura social. Os expoentes do estruturalismo, Lévi-Strauss, na antropologia (1958); Althusser; no marxismo (1965); Lacan, na psicanálise (1966); Foucault, na história e filosofia (1966); Barthes, na crítica literária (1966) fornecem as *chaves do estruturalismo* (AUZIAS, 1972). Esses autores adotam uma posição anti-humanista, ou na alusão irônica de Lévi-Strauss, "o homem está morto", anunciando a morte do sujeito. Eles prescindem de um sujeito concreto e de questões pertinentes à ação ou à subjetividade; consideram que essas questões são secundárias e podem ser banidas da investigação.

As pessoas falantes são meros usuários de códigos, normas e símbolos que elegem entre diversos outros programas e opções possíveis para se comunicarem. O estudo objetivo deve-se restringir à descoberta e às provas das estruturas, normas e regras que governam os fenômenos antropológicos, filosóficos e psíquicos que dão significado à vida social.

Cabe ao pesquisador identificar, arranjar e organizar as diferentes unidades em uma estrutura de "superfície" para chegar à estrutura "profunda" subjacente a qualquer texto ou evento. Sua competência está na descrição dos elementos significativos, aparentemente desconexos e descontínuos, que ocultam uma estrutura constante e um significado fluente. Barthes (1976b) aplica ao estudo do vestuário; Bardin (s.d.: 206) exemplifica com a investigação urbanística de Raymond (1968) sobre a lógica simbólica e ideológica dos "moradores de conjuntos habitacionais".

2) Foucault

Sua noção de poder está exposta na introdução ao primeiro volume da *História da sexualidade* (1978), como uma rede de forças multidirecional, relacional e auto-organizada que atua em todas as dimensões do contexto humano. Para o autor, as definições empíricas de uma disciplina, ou corpo de conhecimentos, não exprimem significados universais ou essenciais, mas mudam, redefinem-se, transmudam de significado, em processo contínuo de transformação histórica.

Tomando o método de análise das formas de discurso étnico da *Genealogia da moral* de Nietzsche (s.d.), Foucault parte das condições históricas que constituíram o discurso do conhecimento, por exemplo, as definições clínicas e o tratamento da loucura no século XVII (FOUCAULT, 1961), para mostrar que as influências e interesses subjacentes e ocultos, sobretudo o poder, nos discursos procuram definir o conhecimento objetivo.

A gênese, as mudanças e ressignificações das definições revelam a hegemonia ou dominação de um discurso, o poder de um discurso sobre outros. A intrincada costura de qualquer discurso ou a sinuosa fiação de um novelo conceitual pode ser pacientemente destrinçado pela análise *genealógica* do discurso (Foucault, 1966; 1969). Sendo assim, todo discurso, suas definições, conceitos e transformações semânticas revelam a tensão entre indivíduos, o contexto histórico e social, o poder e a resistência nas inter-relações humanas, a repressão e o controle dos corpos, a medicalização e clinicalização do controle social e o papel dos agentes sociais.

Para Foucault, as instituições e as práticas sociais, como escola, educação etc., estão constituídas em forma de discurso e situadas dentro dela, isto é, as formas de falar sobre o mundo da experiência social. O discurso, para ele, é um meio de produzir e de organizar o significado no contexto social. A linguagem é a matriz dos discursos que se constituem em formações discursivas: modos significativos de organizar as experiências humanas do mundo social em linguagem e deste modo constituir modos de conhecimento. Uma formação discursiva tem uma função includente, justificar o que é conhecimento, e outra excludente, definir o que não pode ser considerado conhecimento em um contexto, pode ainda ter uma função repressiva.

O papel da análise do discurso, na perspectiva foucaultiana, é, sobretudo, um desenlear das relações de poder ocultas nos refinamentos epistemológicos, no discurso tido como objetivo, nos conceitos formais. Um exemplo de pesquisa nessa perspectiva pode ser apreciado no discurso diagnóstico da enfermagem, tal como Powers (2001) descreve.

3) Semiótica

É uma teoria dos signos existentes que analisa os modos de produção, funcionamento e recepção dos diferentes sistemas de signos simbólicos que permitem a comunicação entre indivíduos e grupos.

Embora derivada da linguagem, a semiótica visa uma análise sistemática dos sistemas simbólicos, em geral, dentre os quais a linguagem, mas também estuda outros sistemas, como a música, a matemática, os sinais de trânsito, a publicidade, as práticas, as crenças, para revelar a relação entre o *significante* ou expressão, tal como a palavra ou símbolo, e o *significado* ou conteúdo, completando o significado da expressão. Por exemplo: o sinal de trânsito, exprimindo direção única ou pare!

O signo é algo que "está para alguém no lugar de outra coisa sob algum aspecto". Não é possível pensar sem os signos, mas um signo é essencialmente incompleto porque requer um interpretante ou contexto. Aquilo que liga a expressão significante ao contexto é considerado um *evento significante*. A conexão entre significante e significado é arbitrária e social, permitindo haver muitos tipos de conexões, dependentes da perspectiva dos leitores. Há uma pluralidade de sistemas de signos sensoriais (visuais, táteis etc.), culturais (dança, cinema, vestuário, culinária etc.) ou de discursos (jurídicos, políticos, religiosos etc.), cada qual mantendo diferentes inter-relações homólogas, analógicas ou simbólicas e, como tal, passíveis de serem analisados, rearranjados e transformados em novos significados.

O signo não é autoevidente, mas arbitrário: cada leitor pode gerar sua própria interpretação. Como exemplo disto, pode-se pensar na cor preta, simbolizando o luto, no Brasil e em vários países do mundo; na Índia tem-se a cor branca como manifestação de luto. A conexão entre o signo e o objeto depende do interpretante que não é alguém, mas a resposta mental do leitor ao signo original; mudado o interpretante, muda também o significado. A conexão é mental, socialmente criada, mantida e coletivamente partilhada, fornecendo uma fonte de ideias, regras, práticas e um agregado de conhecimentos que constitui a "cultura".

A própria estrutura social, os grupos, as concepções e práticas são considerados análogos à estrutura da linguagem e, como qualquer comunicação é um sistema de signos, são considerados como um texto que pode ser lido.

Um conjunto de signos forma um paradigma ou domínio de significado e vários paradigmas constituem um campo. Um campo pode ser criado por objetos materiais, por práticas ou pelo discurso.

Uma análise semiótica do futebol pode examinar os ícones, bandeiras, cantos, cores, camisetas, torcidas; de um *fast food* pode-se analisar os lanches, as saladas, as bebidas, batatas fritas, as figuras, os tipos de sanduíches, os temperos, as fragrâncias, a cor das cadeiras e toda gama de signos que constitui o sistema de signos, o que o sistema diz e os significados que produz.

Uma análise semiótica do discurso visa decodificar o sistema de signos que subjazem ao texto, estabelecendo as articulações homólogas, analógicas e simbólicas dos signos, a fim de mostrar as conexões e o sistema de signos que dão significado à realidade. Manning & Cullum-Swan (1994: 469) mostram como é possível fazer uma análise refinada do cardápio ou dos rituais de frequência ao recinto da casa de refeições rápidas da rede *McDonald's*, e deslindar o sistema de significados expressos nas cores, formas, alimentos, objetos e movimentos.

4) Análise crítica

Muitos pesquisadores qualificam suas pesquisas como "críticas", com conotações diversas ao termo. O sentido específico utilizado aqui deriva originalmente do grupo de intelectuais da Escola de Frankfurt, como Horkheimer, Adorno, Marcuse e outros que, na década de 20 do século passado, empreenderam uma crítica às instituições políticas e sociais que historicamente oprimem as pessoas, a fim de expor as formas culturais de opressão e oferecer os instrumentos para superar as opressões.

Tendo emigrado para os Estados Unidos, estes autores inspiraram muitos pesquisadores que, assumindo os mesmos pressupostos, procuraram analisar tanto as contradições da retórica igualitária quanto às formas de dominação presentes no contexto social e nas formas culturais.

Os autores que perfilam essa crítica contestam tanto a pretensa exemplaridade democrática norte-americana quanto países desenvolvidos, e se preocupam em analisar os problemas de poder e justiça subjacentes às instituições sociais, às formas culturais ou discursivas. Pretendem expor as forças que impedem os indivíduos de controlar suas vidas e suas decisões. Uma das importantes formas de controle está na racionalidade técnico-instrumental, interessada sempre no "como" fazer, isto é, nas técnicas, nos métodos e na eficiência, em detrimento de importar-se com o "por que" se faz, ou seja, com os processos de eleição dos valores que provocam a ação.

Há, para eles, formas complexas que o poder manipula para dominar e formatar as consciências e garantir a hegemonia, ou seja, conseguir o consenso passivo de ampla maioria, e garantir a dominação por meio das instituições sociais e culturais, em especial, os meios de comunicação de massa. Neste processo, as formas culturais, a relação entre significante e significado, os rituais e discursos estão envoltos na ideologia dominante, e moldam as práticas, os discursos e a própria realidade para garantir a subordinação dos oprimidos.

Outro elemento relevante é o poder do discurso presente nos sistemas de significação dos meios de comunicação, computadores, filmes, música, dança e outras produções culturais; especial relevância é dada à hiperrealidade criada e manipulada pela comunicação de massa: a turbulência de imagens, sinais, figuras e sons com poder mediático de forjar uma realidade tal como deve ser admitida e aceita, cujo resultado final é manter as condições dominantes.

Uma pesquisa crítica, no sentido adotado, pretende fazer uma crítica social ou cultural, tendo alguns referenciais que, seguindo Kincheloe e MacLaren (2000), podem ser condensadas em algumas proposições: todo pensamento é fundamentalmente mediado por relações de poder que são social e historicamente constituídas; os fatos nunca estão isolados do domínio dos valores ou separados de alguma forma de inscrição ideológica; a relação entre o conceito e o objeto, entre o significante e o significado nunca é estável ou fixa, sempre mediadas por relações sociais de produção e consumo capitalista; a linguagem é central na formação da subjetividade, seja consciente ou inconscientemente; certos grupos, em qualquer sociedade, são privilegiados em relação a outros.

Embora as razões dos privilégios possam variar muito, a opressão que caracteriza as sociedades contemporâneas é mais intensamente reproduzida quando os subordinados aceitam sua situação social como natural, necessária ou inevitável. A opressão tem muitas faces e, concentrar-se em uma só à custa de outra, com frequência, elide as interconexões entre elas; um exemplo é opressão de classe *versus* racismo. As práticas de pesquisa são via de regra, embora muitas vezes involuntariamente, implicadas na reprodução do sistema de opressão de classe, raça e gênero (KINCHELOE & MacLAREN, 2000).

A tarefa de uma análise crítica do discurso é considerar a linguagem conexa com a estrutura social, avaliar a função do discurso, sua ideologia na produção, manutenção e transformação das relações sociais de poder, desmistificar os discursos dominantes e construir uma consciência crítica (FAIRCLOUG, 1992a; 1992b; 1995).

• A pesquisa

A pesquisa do conteúdo de um texto, de uma narrativa ou de um discurso pode adotar muitos processos e técnicas de investigação dos significados profundos que contém. Ela pretende sempre encontrar a latência dos significados que uma leitura superficial não descobre. Para isso, algumas indicações de um plano de pesquisa são necessárias, embora haja uma profusão de processos e técnicas novas que têm explorado as virtualidades de um texto.

A análise de conteúdo **visa** decompor qual o conteúdo de um conjunto complexo em elementos simples para classificar esses elementos e, eventualmente, mensurar a frequência desses elementos. As análises de narrativas ou do discurso recorrem a uma pesquisa temática, ainda que se socorram, por vezes, do fracionamento do discurso para aprofundar o alcance analítico da pesquisa.

São muitas e variadas as técnicas de análise do conteúdo, dependendo do tipo de documento, dos objetivos do pesquisador. Não cabe, aqui, descrevê-los, mas Bardin (1991) apresenta alguns exemplos, como a investigação temática frequencial sobre resultados de um teste de associação de palavras, uma análise de respostas às questões abertas sobre a simbologia do automóvel, uma análise de entrevistas de inquérito e uma análise de horóscopo de revista. Muitas e diversas são as possibilidades de se proceder à análise do conteúdo de um texto; não há um modelo único. Pode-se, porém, a título de orientação, oferecer algumas recomendações básicas ao pesquisador para estabelecer algumas fases de trabalho.

1ª fase: determinação do texto e especificação do tipo de documento

É necessário especificar o tipo de documento que se quer analisar: a transcrição de uma entrevista, um texto de aluno, uma reportagem de jornal, um documento oficial. A eleição do texto depende do objetivo que se pretende. O objetivo determina o material mais adequado para o estudo pretendido. Quando os objetivos não estão claramente explicitados, o pesquisador pode permanecer inseguro sobre qual documento escolher. Se o objetivo é o estudo da violência na literatura infantil, nos comerciais de televisão ou nos diálogos de prisioneiros, cada pesquisa haverá de requerer a especificação do documento mais adequado: um texto escrito e ilustrado para crianças, os filmes de propaganda ou a transcrição das entrevistas.

Importa definir o universo representativo de documentos que se pretende analisar: se um único documento que será analisado em sua integralidade ou, quando se trata de um conjunto muito vasto, se do universo de documentos será extraída uma *amostra* aleatória, de modo que cada unidade, escolhida ao acaso, possa ter igual chance de caracterizar a amostra; ou por amostra estratificada, se subdividido o universo em classes, delas elegem-se os elementos individuais para caracterizar a estratificação; ou amostra por cotas, se a eleição dos elementos decorre de certas características que permitam construir um modelo a partir de um determinado conjunto segundo essas características.

Podem-se ainda determinar os segmentos do texto para análise: termos, sentenças, trechos, capítulos, secções e o nível de análise que se deseja: a mera descrição, a análise semântica ou ideológica do conteúdo.

Para se alcançar essas definições supõe-se que o leitor tenha um contato inicial com o documento, podendo principiar com uma leitura empática do texto a fim de colher as primeiras impressões que o texto sugere e reunir as primeiras intuições que auxiliem na concretização de um plano de análise. Esta fase preliminar suscita múltiplas ideias que deverão ser refinadas para auxiliar a definição dos objetivos da pesquisa.

2ª fase: objetivos e hipótese

A análise do conteúdo dependerá do objetivo que a investigação se propõe, a finalidade que pretende alcançar com a pesquisa e para o qual devem convergir todos os resultados da ação.

O objetivo pode ser meramente exploratório do texto para recolher informações mais consistentes que percepções imediatas ou identificar hipótese de trabalho.

Em uma análise categorial será necessário elaborar as categorias de análise. As categorias poderão ser elaboradas indutivamente a partir da imersão do pesquisador no texto, para identificar os fragmentos, palavras ou temas mais significativos ou as questões mais evidentes de um texto; ou dedutivamente, partir de um conjunto de categorias preestabelecidas para alcançar objetivos específicos: testar uma hipótese, explorar a mensagem de um texto, decompor uma mensagem e assim por diante.

3ª fase: análise descritiva em que se decompõe a comunicação em categorias

– Definição das categorias: As categorias servem para dispor os elementos do conteúdo.Variam em cada análise em função dos objetivos e hipóteses e podem ser meramente descritivas (categorias de assunto) ou interpretativas (categorias de opinião, de valores). Devem ser sempre homogêneas, caracterizadas por um critério de classificação; objetivas de tal modo que, diante dos mesmos elementos, outros observadores possam classificar na mesma categoria; pertinentes, enquanto correspondam aos objetivos desejados; exclusivas de tal forma que um elemento figure em somente uma categoria; e exaustivas, arrole todo conteúdo do documento analisado. A categorização supõe a eleição da:

– Unidade de análise: Importa-se encontrar a frequência material de cada elemento: palavras-chave, termos; em análises que pretendem alcançar resultados qualitativos, procura-se identificar a presença ou ausência de opinião (favorável, desfavorável) ou de temas, de palavras significativas.

– Unidade de registro: O fragmento que permite a contabilização ou decomposição dos elementos do conteúdo ou, no caso de apreciações qualitativas, os temas ou frases com significação.

– Unidades de numeração: Número de palavras, minutos de uma fala, metros de um filme que delimitam as unidades de registro ou de codificação que permitam uma classificação e o desdobramento em itens de sentido. Diversas são as estratégias de numeração da presença-ausência de elementos ou de frequência, intensidade, ordem, direção dos diversos elementos.

– Indicadores: São dados observáveis, passíveis de ser expressos em números ou porcentagens, pelos quais se pode apreender as diferentes dimensões analisadas, constatando a presença ou ausência de um tal atributo. Ex.: Indicadores de "pobreza" apreendidos pela renda familiar, cômodos da casa, utensílios e equipamentos domésticos. Os indicadores em um texto escrito podem ser linguísticos: número ordenado de elementos significantes, ou semânticos: frequência de um tema significativo.

– Índice: É uma síntese ou combinação de diferentes indicadores relativos à mesma dimensão ou tema. Em sentido estrito pressupõe indicadores quantificados. Pode-se ter um *índice particular* quando o valor do indicador em um dado momento é expresso convencionalmente pelo número 100, sua variação será expressa pela relação com esta base. Exemplo: índice de preço; *índice enumerativo*: os diferentes indicadores, não mensuráveis, são justapostos e os graus de variação são expressos pelo número 1, 2, 3. Ex.: a quantificação da frequência a um ato ou a um evento; *índice sintético*: cada indicador é formulado por unidade de medida. A combinação dos indicadores em um momento atribui-se o valor 100, a variação de cada um dos indicadores produz uma variação proporcional do índice. Exemplo: índice do custo de vida.

4ª fase: análise dos dados

A análise dos dados dependerá dos objetivos da pesquisa. Uma análise categorial pressupõe que, com base nos indicadores e índices, o pesquisador pode lançar mão dos recursos quantitativos e estatísticos para fundamentar inferências que permitam afirmações consistentes, descobertas de realidades subjacentes e interpretações fidedignas. Há diversos expedientes analíticos que podem ser utilizados para análise dos dados.

Bardin [s.d.], numa segunda parte de sua obra, relaciona alguns exemplos, "simples e concretos de análise, decompondo pacientemente o mecanismo do processo" (p. 10); análise dos estereótipos sociais partilhados pelos membros de um grupo, relativos a algumas profissões e alguns países, por meio de um teste de associações de palavras (p. 51-57); análise das relações psicológicas e simbólicas, que os indivíduos mantêm com o automóvel, por meio de respostas a questões abertas de um questionário (p. 59-63); análise do modo como as pessoas vivem a sua relação com os objetos cotidianos por meio de uma análise temática de entrevistas (p. 65-71); análise do texto do horóscopo da revista feminina *Elle*, por meio da análise temática de um texto e da análise léxica e simbólica de uma amostra (p. 83-91).

Conclusão

O estruturalismo, os discípulos de Foucault, a semiótica, a análise crítica são exemplos, entre outros, dos diversos pressupostos pelos quais o discurso pode ser analisado. As pesquisas que utilizam a análise do conteúdo, do discurso ou de narrativas para estudo de um texto têm tido um desenvolvimento expressivo com técnicas inovadoras que enriquecem as possibilidades de pesquisa nessa modalidade de investigação.

Referências

ABRAHANSON, M. (1983). *Social research methods*. Englewood Cliffs, NJ: Prentice Hall.

ALTHUSSER, L. (1970/1979). *A favor de Marx*. Rio de Janeiro: Zahar [Tradução de Dirceu Lindoso].

AUZIAS, J.-M. (1972). *Chaves do estruturalismo*. Rio de Janeiro: Civilização Brasileira [Tradução de Nathanael C. Caixeiro].

BARDIN, L. (1995). *Análise do discurso*. Lisboa: Ed. 70.

BARTHES, R. (1976a). *Análise estrutural da narrativa*. Petrópolis: Vozes.

______ (1976b). *Système de la mode*. Paris: Seuil.

______ (1970). *L'empire des signes*. Genève: D'Art.

BERELSON, B. (1952). *Content analysis in communication research*. Glencoe, IL: Free Press.

BERG, B.L. (1998). *Qualitative research methods for the social sciences*. 3. ed. Boston: Allyn and Bacon, p. 223.

BRANDÃO, H.H.N. (2000). *Introdução à análise do discurso*. Campinas: Unicamp.

COULTHARD, M. (org.) (1992). *Advances in spoken discourse analysis*. Londres: Routledge.

COULTHARD, M. & MONTEGOMERY, M. (1981). *Studies in discourse analysis*. Londres: Routledge.

CRUVINEL, M.F.; KALIL, M.G. & GREGOLIN, M.R.V. (2001). *Entornos do sentido*. Araraquara: Unesp.

D'UNRUG, M.-C. (1974). *Analyse de contenu et acte de parole*. Paris: Delarge.

FAIRCLOUGH, N. (1995). *Critical discourse analysis*. Londres: Longman.

______ (1992a). *Discourse and social change*. Cambridge: Polity Press.

______ (1992b). *Critical language awareness*. Londres: Longman.

FERREIRA, M.C.L. & INDURSKI, F. (1999). *Múltiplos territórios da análise do discurso*. Porto Alegre: Sagre-Luzzatto.

FIORIN, J.L. (2001). *Elementos de análise do discurso*. 10. ed. São Paulo: Contexto.

FOUCAULT, M. (1961/1991). *História da loucura na idade clássica*. São Paulo: Perspectiva [Tradução de José Teixeira Coelho Netto].

______ (1976/1986). *História da sexualidade* – Vol 1: A vontade de saber. Rio de Janeiro: Graal, 3 vols. [Tradução de Maria Thereza da C. Albuquerque e J.A. Albuquerque].

______ (1969/1972). *Arqueologia do saber*. Petrópolis/Lisboa: Vozes/Centro do Livro Brasileiro [Tradução Luiz Felipe Baeta Neves].

______ (1966/s.d). *As palavras e as coisas* – Uma arqueologia das ciências humanas. São Paulo: Martins Fontes.

FRANCO, M.L.P.B. (2003). *Análise de conteúdo*. Brasília: Plano.

GEE, J.P.; MICHAELS, S. & O'CONNOR, M.C. (1992). Discourse analysis. In: LeCOMPTE, M.D.; MILLROY, W. & PREISSLE, J. *Handbbok of qualitative research in education*. Nova York: Academic Press.

GUIRADO, M. (1995). *Psicanálise e análise do discurso*. São Paulo: Summus.

GRAWITZ, M. (1986). *Méthodes des sciences sociales*. Paris: Dalloz, p. 669-716.

GREGOLIN, M.R.V. & BARONAS, R. (2001). *As materialidades do sentido*. Campinas: Pontes.

GREIMAS, A.J. (1981). *Introduction à l´analyse du discours in sciences sociales*. Paris: Hachette.

HOLSTI, O. (1969). *Content analysis for the social sciences and humanities*. Reading, MA: Addison-Wesley, 4 vol.

______ (1968). Content analysis. In: LINDZEY, G. & AARONSON, E. (org.). *The handbook of social psychology*. Reading, MA: Addison-Wesley.

JAKOBSON, R. (1971-1985). *Selected writings*. Paris: Mouton.

KINCHELOE, J. & McLAREN, P. (2000). Rethinking critical theory and qualitative research. In: DENZIN, N.K. & LINCOLN, Y.S. (orgs.) (2000). *Handbook of qualitative research*. 2. ed. Thousand Oaks, CA: Sage, p. 279-313.

KRIPPENDORF, K. (2003). *Content Analysis. An introduction to its symbol*. 2. ed. Thousand Oaks, CA: Sage.

LACAN, J. (1966/1984). *Escritos*. Rio de Janeiro: Zahar.

LANDOWSKI, E.; GREIMAS, A.J. & ALGIRDAS, J. (1998). *Análise do discurso em ciências sociais*. São Paulo: Global.

LASSWELL, H.D (1952). "L'Analyse de contenu et le langage de la politique". *Revue Française de Science politique*, vol. II, n. 3, juillet-septembre, p. 505-520.

LÉVI-STRAUSS, C. (1949/1998). *As estruturas elementares do parentesco*. Petrópolis: Vozes [Tradução de Mariano Ferreira].

______ (1962/1976). *O pensamento selvagem*. São Paulo: Cia. Editora Nacional [Tradução de Maria Celeste da Costa e Souza e Almir de O. Aguiar].

______ (1964-1971). *Mithologiques*. Paris: Plon.

______ (1948/1970). *Antropologia estrutural*. Rio de Janeiro: Tempo Brasileiro [Tradução de Chaim S. Katz & E. Pires].

LOZANO, J.; PEÑA-MARÍN, C. & ABRIL, G. (2002). *Análise do discurso*: por uma semiótica da interação. São Paulo: Littera Mundi.

MAINGUENEAU, P. (1993). *Novas tendências em análise do discurso.* Campinas: Unicamp.

MANNING, P.K. & CULLUM-SWAN, B. (1994). Narrative, content, and semiotic analysis. In: DENZIN, N.K. & LINCOLN, Y.S. *Handbook of qualitative research,* p. 463-477.

MARI, H. (1999). *Fundamentos e dimensões da análise do discurso.* Belo Horizonte: Núcleo de Análise do Discurso.

MILES, M.B. & HUBERMAN, A.M. (1994). *Qualitative data analysis.* Thousand Oaks, CA: Sage.

MYHILL, J. (1993). *Typological discourse analysis quantitative approches to the study of linguistic function.* Oxford Cambridge: Blackweel.

NIETZSCHE, F. (s.d.). *A genealogia da moral.* Rio de Janeiro: Ediouro.

NEUENDORF, K.A. (2002). *The Content analysis guidebook.* Thousand Oaks, CA: Sage.

NUNAN, D. (1993). *Introducing discourse analysis.* Londres: Penguim Books.

PÊCHEUX, M. (1969). *Analyse automatique du discours.* Paris: Dunod.

PEDRO, E.R. (2000). *Análise crítica do discurso.* Lisboa: Caminho.

POOL, I. de S. (1959). *Trends in content analysis.* Urbana: University of Illinois Press.

POWERS, P. (2001). *The methodology of discourse analysis.* Sandbury, MA: Jones and Bartelett.

PROPP, V. (1968). *The morphology of the folkstales.* 2. ed. Austin: Univesity of Texas Press.

RAYMOND, H. (1968). "Analyse de contenu et entretien no directif: application au simbolisme de l'habitat". *Revue Française de Sociologie,* n. special "Urbanisme". Paris.

REISMAN, C.K. (1996). *Narrative analysis.* Londres: Sage.

ROBERTS, C.W. (org.) (1998). *Text analysis for social sciences*: methods for drawing inferences from texts and transcripts. Mahwah, NJ: Lawrence Erlmbaum.

SACKS, H. (1992). *Lectures on conversation.* Oxford: Blackwell (JEFFERSON, G. [org.].)

SAUSSURE, R. (1970). *Curso de linguística geral.* São Paulo: Cultrix [Tradução de Antonio Chelini, José Paulo Paes e Izidoro Blikstein].

SILVA, D.E.G. & VIEIRA, J.A (orgs.) (2002). *Análise do discurso*: percursos teóricos e metodológicos. Brasília: UnB.

SILVERMAN, D. (1993). *Interpreting qualitative data*: methods for analyzing talks, text and interaction. Londres: Sage.

STONE, P.J.; DUNPHY, D.C. & KIRSCH, J. (1970). *The general inquirer*: a computer approach to content analysis. Cambridge, MA: Harvard University Press.

STUBBS, M. (1984). *Discourse analysis and sociolinguistic analysis of natural language.* Oxford: Basil Blackwell.

VAN DIJK, A. (org.) (1985). *Handbook of discourse analysis.* Londres: Academic Press, 4 vols.

VIEIRA, J.A. (2002). Abordagens críticas e não críticas do discurso In: SILVA, D.E.G & VIEIRA, J.A. (orgs.). *Análise do discurso*: percursos teóricos e metodológicos, p. 143-164.

WODAK, R. (1989). *Language, power and ideology*: studies in political discourse. Amsterdã: John Benjamins.

WOOD, L.A. (2000). *Doing discourse analysis for studying action in talk and text.* Thousand Oaks, CA: Sage.

5 - Estudo de caso

O estudo de caso é uma estratégia de pesquisa bastante comum na clínica psicológica e médica, na atividade educacional, jurídica, empresarial, sanitária e jornalística nas quais, em geral, o caso é dado ao profissional para que reúna informações sobre um determinado produto, evento, fato ou fenômeno social contemporâneo complexo, situado em seu contexto específico. Objetiva reunir os dados relevantes sobre o objeto de estudo e, desse modo, alcançar um conhecimento mais amplo sobre esse objeto, dissipando as dúvidas, esclarecendo questões pertinentes, e, sobretudo, instruindo ações posteriores.

Como uma modalidade de pesquisa, o estudo de caso remonta, segundo Hamel (1993), aos estudos antropológicos de Malinowski e à Escola de Chicago e, posteriormente, ampliou-se seu uso no estudo de eventos, processos, organizações, empresas, grupos e comunidades. Atualmente, o uso do estudo de caso é crescente em todos os domínios das atividades econômicas e sociais (YIN, 2003), adotando os mais diversos recursos de coleta de informações sobre a temática de estudo.

Definição

Alguns autores definem o estudo de caso como uma metodologia (MERRIAM, 1988; YIN, 2001). Para Stake, "não é uma escolha metodológica, mas a escolha de um objeto de estudo definido pelo interesse em casos individuais e não pelo método de pesquisa usado" (1994: 236); estudo que envolve a coleta sistemática de informações sobre uma pessoa particular, uma família, um evento, uma atividade ou, ainda, um conjunto de relações ou processo social para melhor conhecer como são ou como operam em um contexto real e, tendencialmente, visa auxiliar tomadas de decisão, ou justificar intervenções, ou esclarecer por que elas foram tomadas ou implementadas e quais foram os resultados.

Constitui-se, pois, em uma busca intensiva de dados de uma situação particular, de um evento específico ou de processos contemporâneos, tomados como "caso", compreendê-lo o mais amplamente possível, descrevê-lo pormenorizadamente, avaliar resultados de ações, transmitir essa compreensão a outros e instruir decisões. É, sobretudo, "um meio de organizar os dados sociais preservando o caráter unitário do objeto social estudado" (GOODE & HATT, 1979: 422).

É por vezes, impropriamente, identificado com etnografia (FATERMAN, 1998), observação participante (JORGENSEN, 1989) ou trabalho de campo pelo uso que faz de diferentes meios de coletar informações exaustivas referentes ao caso estudado.

Os estudos de caso visam explorar, deste modo, um caso singular, situado na vida real contemporânea, bem delimitado e contextuado em tempo e lugar para realizar uma busca circunstanciada de informações sobre um caso específico. O *caso* pode ser único e singular ou abranger uma coleção de casos, especificados por um aspecto ocorrente nos diversos casos individuais como, por exemplo, o estudo de particularidades ocorrentes em diversos casos individualizados. Pode haver, pois, um estudo de um aluno particular ou de uma dificuldade específica de um conjunto de alunos; pode deter-se em um coletivo de pessoas para analisar uma particularidade.

No estudo de uma *organização* específica como escola, empresa etc. pode-se aprofundar o conhecimento sobre o seu desenvolvimento ao longo de um período, o desempenho de setores, a situação de unidades, o estágio de uma atividade específica, o processo de comunicação ou de decisão, como operam os setores ou os diversos agentes.

O estudo de uma *comunidade,* entendida como um grupo relativamente homogêneo de pessoas com relações interacionais difusas e algumas características identitárias espaciais (bairros), profissionais (trabalhadores, empresários) etc., pode concentrar o estudo sobre o que ocorre na vida cotidiana, como os membros interagem, como se comportam em determinadas circunstâncias etc.

Os termos podem implicar ambiguidades: o estudo *de* pode referir-se ao processo do conhecimento sobre o caso quanto ao produto desse conhecimento e o termo *caso* tem uma extensão semântica que merece atenção. Os limites e características de um caso dependem dos propósitos da pesquisa; exigem uma especificação bem definida para se procurar informações coerentes com o que se pretende investigar (FEAGIN; ORUM & SJOBERG, 1991).

Stake (1994; 1995) define o estudo de caso, conforme os objetivos da investigação, em intrínseco, instrumental ou coletivo.

O estudo de *caso intrínseco* procura conhecer melhor um caso particular em si, mesmo porque em sua singularidade ordinária e específica torna interessante esse caso mesmo que não seja representativo ou ilustrativo de outros casos. O objetivo da pesquisa não é construir teorias ou elaborar construções abstratas, mas compreender os aspectos intrínsecos de um caso em particular, seja uma criança, um paciente, um currículo ou organização etc.

Em um estudo de *caso instrumental* visa-se o exame de um caso para esclarecer uma questão ou refinar uma teoria. O caso em si tem importância subsidiária; serve somente como um apoio ou pano de fundo para se fazer pesquisas posteriores. Ainda que o estudo de aspectos e atividades do caso seja minudente, a intenção é auxiliar o pesquisador a compreender melhor uma outra questão, orientar estudos subsequentes, apurar ou corroborar hipóteses. A escolha do caso pressupõe que a sua melhor compreensão fará avançar estudos ulteriores. Os múltiplos interesses simultâneos do investigador pode, às vezes, deixar uma zona turva de objetivos conexos que fundem os estudos de caso intrínsecos com os instrumentais.

O estudo de caso *coletivo* significa estender o estudo a diversos casos instrumentais para ampliar a compreensão ou teorização a partir de uma coleção mais ampla de casos conexos. A investigação de multiestudos de caso é uma variante do estudo do caso (YIN & CAMPBELL, 2002) embora alguns autores prefiram designar como método *comparativo de caso* (AGRANOFF & RADIN, 1991).

São frequentes as objeções ao estudo de caso como um modo pouco consistente de pesquisa porque o caso não tem um fundamento amostral adequado ou não oferece base para generalizações. Uma segunda objeção refere-se ao risco do pesquisador fiar-se demais em falsas evidências e, dada a singularidade do caso estudado e o envolvimento denso com um caso bem específico, o pesquisador sentir-se senhor da questão, possuidor de muitas certezas, e preterir os requisitos e técnicas indispensáveis à validade e confiabilidade do estudo, pois "cada caso desenvolvido como uma unidade assume dimensões completas na mente do pesquisador. Ele passa a sentir-se seguro de poder responder muito a maior número de questões sobre seu caso do que pode fazer somente com os dados registrados" (GOODE & HATT, 1979: 426).

Por isso, alguns consideram que o estudo de caso é eficaz em estudos exploratórios, para identificar características de um tema de pesquisa ou como estudo piloto de um projeto de pesquisa. É oportuno também em análises precedentes de alguns elementos de uma pesquisa, como identificar o contexto do objeto a ser estudado ou refinar a adequação de instrumentos de pesquisas, tais como questionário, roteiro de entrevista ou, enfim, o estudo de caso tem importância quando se trata de testar hipóteses ou gerar ideias mais consistentes para realizar pesquisas posteriores.

Os que usam estudos de caso respondem que não pretendem, de um caso, extrapolar para outros, sem garantias, mas nada impede que se façam analogias consistentes com outros casos similares. As descobertas encontradas em um caso autoriza *mutatis mutandis* a justapor a transferibilidade do que foi encontrado para outros casos da mesma natureza.

Quanto ao pesquisador, ele está exposto aos mesmos envolvimentos, riscos e cuidados necessários a qualquer pesquisa. A recomendação para eliminar viés de estudo é elaborar um plano bem concertado de estudo de caso para prevenir possíveis equívocos subjetivos e evitar o viés analítico e as convicções meramente emocionais que poderiam turvar o estudo. É um estudo que não visa generalizações, mas um caso pode revelar realidades universais, porque, guardadas as peculiaridades, nenhum caso é um fato isolado, independente das relações sociais onde ocorre.

A realização de um plano de estudo de caso pode comportar diferentes fases. Pode estar contida em quatro fases: 1. a seleção dos casos e negociação do acesso, 2. o trabalho de campo, 3. a organização dos registros e 4. a redação do relatório (STENHOUSE, 1988; STAKE, 2005; YIN & CAMPBELL, 2002).

1 Plano de pesquisa

Um plano pressupõe, como qualquer pesquisa, estabelecer claramente os objetivos para definir a natureza das questões a serem investigadas. Sem isso, corre-se o risco de reunir um conjunto informe de dados e, depois, sem especificar o que se procura, o intérprete permanecer perplexo diante da profusão de dados reunidos.

O investigador segue uma indução analítica (BODGAN & BIRKLEN, 1994), recolhendo e analisando dados singulares a fim de desenvolver um modelo descritivo que englobe todas as instâncias do fenômeno e autorize a apresentar, didaticamente, as lições aprendidas ou as descobertas feitas a partir do caso estudado. Isto pode requerer do pesquisador, e de possíveis auxiliares, algumas habilidades para conduzir com sucesso o estudo de caso. Yin (2001) sugere que tenha firme domínio das questões em estudo, seja capaz de fazer perguntas e de ouvir sem se prender às próprias convicções ou ideologias, seja flexível diante de situações imprevistas e esteja apto a interpretar os resultados.

Fase preparatória (exploratória ou piloto) – Da preparação à seleção do caso a ser estudado

Na fase inicial é indispensável analisar a literatura existente sobre o caso para elaborar as primeiras noções que orientarão a definição da unidade que será tomada como "caso": a população – grupo, escola, empresa ou objetos determinados – ou o programa, o processo, ritual. Convém, dependendo do caso, manter contato pessoal com o objeto de estudo, imergindo no seu contexto para colher as primeiras evidências. É recomendável, quando o caso é complexo, executar um projeto piloto ou protocolo de estudo que contenha as linhas gerais, as questões relevantes, os procedimentos e instrumentos de pesquisa.

É indispensável ter claro o objetivo pretendido: o quê será estudado ou quais evidências serão procuradas, por que está sendo feito este estudo e como poderá ser executado. Sem a especificação clara do problema que se quer estudar, o trabalho pode ir de encontro a muitos objetos e recolher muitas informações diversificadas que se mostrarão desnecessárias ou inúteis.

Outro aspecto importante é verificar se a definição dos objetivos está conexa com a consulta às fontes materiais disponíveis para o caso: programas, relatos, planos, agendas, legislação. Embora a definição dos objetivos e a consulta às fontes sejam interdependentes, será necessário fazer a seleção e explicitar a justificativa das fontes que sejam mais adequadas para alcançar os objetivos estabelecidos.

Além da determinação do caso, é necessário negociar com todos os envolvidos para se ter acesso aos dados, às pessoas e aos lugares, e obter as autorizações que se fizerem necessárias, também se precaver de possíveis infrações aos códigos hierárquicos que podem arruinar diálogos ou provocar distorções nas informações, ou ainda, esquivanças, recusas ou rejeição explícita ao estudo. As negociações prévias podem ser cruciais para o sucesso do trabalho; se o pesquisador é estranho ao local onde se fará o estudo, é indispensável contato antecedente para se obter consentimento ativo dos envolvidos no problema em estudo.

2 O trabalho de campo

Um estudo de caso envolve a **coleta sistemática de informações** sobre uma pessoa particular, aspectos da vida de um indivíduo, de ações de membro de um grupo, aspectos de um evento, de uma organização, empresa ou comunidade. Recorre, para isso, a múltiplas fontes de coleta de informações, como documentos, cartas, relatórios, entrevistas, história de vida, observação participante, pesquisa de campo, recursos audiovisuais. A fonte mais constante e usual tem sido a entrevista nas suas diversas modalidades: aberta, semiestruturada ou focada.

3 A organização dos registros

A organização dos registros deve ser arquivada para consulta ou análises posteriores ou externas. Os documentos em forma de protocolos, entrevistas, anotações, memorandos, transcrições, agendas, atas de reuniões, *folders*, mapas etc. devem seguir um padrão de indexação, seguindo critérios predefinidos pelo pesquisador a fim de estar disponível para consulta e servir para corroborar evidências, sustentar inferências, esclarecer dúvidas, confirmar evidências ou avaliar dados vindos de outras fontes.

4 A redação do relatório

O texto final segue, geralmente, um estilo descritivo expondo, didaticamente, as "lições aprendidas" do caso (LINCOLN & GUBA, 1985), ou apresentando as "descobertas feitas" (STAKE, 1994), a fim de que o leitor possa ter uma experiência vicária do caso particular. Para isso, o relatório deve oferecer uma descrição detalhada e clara do caso estudado, situando-o no seu contexto, apresentando as informações recolhidas e os meios utilizados para as coletar, analisando as questões e temas, fazendo asseverações analíticas para chegar a uma interpretação compreensiva do caso.

O relatório supõe uma competência redacional que mostre, em linguagem acessível e bem articulada, o resultado a que chegou o estudo. Para isso, é importante que estabeleça relações convergentes entre os dados, apresente proposições analíticas fidedignas que confirmem ou contradigam as evidências ou hipóteses, propostas nos objetivos do estudo, e que possibilitem ao leitor alcançar as mesmas evidências a que o pesquisador chegou. O objetivo final do relatório, adverte Yin (2001), é tratar as evidências de forma adequada para se obter conclusões analíticas convincentes e eliminar interpretações alternativas.

Um caso pode mostrar múltiplas realidades decorrentes do processo de observação, da coleta de dados e das diferentes interpretações do pesquisador. O estudo de um caso não significa uma leitura única da realidade, supõe que pode haver diversidade de percepções. Alguns autores recomendam que o relatório, antes de divulgado, recorra aos meios usuais de validação da pesquisa qualitativa.

No estudo de caso é aconselhável submetê-lo à análise crítica de membros avaliadores, recorrendo à triangulação, que tem sido comumente considerado um processo que usa múltiplas percepções para clarificar o sentido, verificar a redundância de uma observação ou interpretação (STAKE, 2005: 454).

Em pesquisas avaliativas, nas quais o estudo de caso tem sido muito utilizado, a investigação pode ser importante tanto para explanar a ligação causal em complexas intervenções da vida real, quanto para descrever a intervenção e o contexto onde ocorreu, ou ilustrar certos tópicos de uma avaliação, ou, ainda, expor as situações nas quais uma intervenção, em sendo feita, não ficou clara ou, enfim, fazer avaliação de uma outra avaliação (YIN, 2001: 15).

Referências

AGRANOFF, R. & RADIN, B.A. (1991). "The comparative case study approach in public administration". *Research in public administration,* 1, p. 203-231.

BODGAN, R. & BIKLEN, S. (1994). *Investigação qualitativa em educação.* Porto: Porto Ed., p. 89-109.

BONOMA, T.V. (1985). "Case research in marketing: opportunities, problems, and process". *Journal of Marketing Research*, vol. XXII, may.

FATERMAN, D.M. (1998). *Ethnography step by step*. 2. ed. Thousand Oaks, CA: Sage.

FEAGIN, J.R.; ORUM, A.M. & SJOBERG, G. (1991). *A case for the case study*. Chapel Hill: University of North Carolina Press.

GOODE, W.J. & HATT, P.K. (1979). *Métodos em pesquisa social*. 7. ed. São Paulo: Cia. Editora Nacional [Tradução de Carolina M. Bori].

JORGENSEN, D.L. (1989). *Participant observation*. Newbury Park, CA: Sage.

HAMEL, J. (1997). *Études de cas*. Paris: Harmattan.

HAMEL, J.; DUFOUR, S. & FONTIN, D. (1993). *Case study methods*. Thousand Oaks, CA: Sage.

LINCOLN, Y.S. & GUBA, E.G. (1985). *Naturalistic Inquiry*. Beverly Hills, CA: Sage.

LÜDKE, M. & ANDRÉ, M.A.D.A. (1986). *Pesquisa qualitativa em educação*: abordagens qualitativas. São Paulo: EPU.

MERRIAM, S. (1988). *Case study research in education*: A qualitative approach. San Francisco: Jossey-Bass.

STAKE, R. (2005). Qualitative case studies. In: DENZIN, N.K. & LINCOLN, Y.S. (orgs.). *The sage handbook of qualitative research*. 3. ed. Thousand Oaks, CA: Sage, p. 443-466.

______ (1995). *The art of case study research*. Thousand Oaks, CA: Sage.

______ (1994). Case studies. In: DENZIN, N.K. & LINCOLN, Y.S. (orgs.). *Handbook of qualitative research*. 2. ed. Thousand Oaks, CA: Sage, p. 435-454.

STENHOUSE, L. (1988). Case study methods. In: KEEVES, J.P. *Educational research methodology, and measurement*. Oxford, UK: Pegamon.

YIN, R.K. (2003). *Applications of case study research*. 2. ed. Thousand Oaks, CA: Sage.

______ (2001). *Estudo de caso*. 2. ed. Porto Alegre: Bookman [Tradução de Daniel Grassi].

YIN, R.K. & CAMPBELL, D.T. (2002). *Case study research*: Design and methods. Thousand Oaks, CA: Sage.

Sítios de pesquisa em ciências humanas e sociais

Os mais importantes acervos documentários em ciências humanas, disponíveis por meio eletrônico, acessíveis por título, autor, locais ou títulos específicos, no Brasil e no exterior, são:

BRASIL

Biblioteca Nacional – www.bn.br

É o sítio de referência para as bibliotecas do Brasil com vários serviços, farta documentação e imagens digitalizadas.

Bibliotecas virtuais do sistema MCT/CNPq/Ibict (Ministério de Ciência e Tecnologia/Conselho Nacional de Pesquisa – www.prossiga.br

É o sítio mais importante de informação e comunicação sobre ciência e tecnologia no Brasil e uma das mais importantes referências na área das bibliotecas virtuais.

Biblioteca do Senado Federal – www.senado.gov.br/biblioteca

Possui um sistema de busca nos mais de 150 mil títulos da biblioteca.

Scielo – The Scientific Eletronic Library Online – www.scielo.br

A biblioteca científica eletrônica de periódicos científicos brasileiros em formato eletrônico de todas as áreas de conhecimento. É o site mais importante de informação e comunicação sobre ciência e tecnologia, desenvolvido pela Fundação de Amparo à Pesquisa do Estado de São Paulo (Fapesp) em parceria com a Bireme e apoio do CNPq.

Banco de teses Capes – www.capes.gov.br/capes/portal/conteudo/10/Banco_Teses.htm

Disponibiliza resumos de teses e dissertações apresentadas no Brasil desde 1987.

Portal periódicos Capes. Portal Brasileiro de Informação Científica – http://www.periodicos.capes.gov.br/

Oferece acesso aos textos completos de artigos de mais de 9.530 periódicos nacionais e internacionais em todas as áreas do conhecimento.

Está disponível gratuitamente para os usuários das instituições participantes. O acesso é realizado a partir de qualquer terminal ligado à internet localizado nas instituições ou por ela autorizado.

Bibliotecas da cidade de São Paulo – www4prefeitura.sp.gov.br/biblioteca/PaginaInicial.asp

Reúne o mais importante acervo de bibliotecas públicas municipais do Brasil dentre as quais a mais importante é a Biblioteca Municipal Mário de Andrade – www.prefeitura.sp.gov.br/mariodeandrade

Bibliotecas universitárias

Bibliotecas das universidades públicas paulistas – cruesp.usp.br

Reúne referências de diferentes campos de pesquisa das bibliotecas das universidades públicas do Estado de São Paulo (USP, Unicamp, Unesp). É uma das mais importantes bibliotecas universitárias do país.

Biblioteca digital de teses e dissertações da USP – www.teses.uspbr

Textos integrais de parte das teses e dissertações apresentadas e defendidas na USP.

Biblioteca Digital de Obras Raras – www.obrasraras.usp.br

Disponibiliza textos digitalizados completos de obras raras.

Algumas bibliotecas nacionais estrangeiras

Biblioteca Britânica – The British library – www.bl.uk

Biblioteca Nacional da França – www.bn.fr

Biblioteca Nacional de la Republica Argentina –www.bibnal.edu.ar

Biblioteca Nacional de Portugal – www.bn.pt

Biblioteca Nacional da Espanha – www.bne.es

Biblioteca Apostólica Vaticana – bav.vatican.va

Biblioteca do Congresso Americano – www.loc.gov

A maior e uma das melhores bibliotecas do mundo com muitos serviços e conteúdos documentários trabalhados.

Perseus Digital Library – www.perseus.tufts.edu

Estudos e textos digitalizados sobre autores gregos e latinos antigos.

Projeto Gutenberg – www.gutenberg.net

Importante sítio que disponibiliza gratuitamente obras integrais de autores reconhecidos. É mantido por voluntários.